중국어 발음부터 실생활 회화까지 **20일** 완성

GO! 독학 중국어 첫걸음

시원스쿨어학연구소 지음

S 시원스쿨닷컴

GO!독학 중국어 첫걸음

초판 1쇄 발행 2017년 9월 12일
개정 1쇄 발행 2024년 11월 13일

지은이 시원스쿨어학연구소
펴낸곳 (주)에스제이더블유인터내셔널
펴낸이 양홍걸 이시원

홈페이지 china.siwonschool.com
주소 서울시 영등포구 영신로 166 시원스쿨
교재 구입 문의 02)2014-8151
고객센터 02)6409-0878

ISBN 979-11-6150-911-2 13720
Number 1-410201-18182800-04

중국어, 이제 쉽게 공부하세요!

중국어 하면 여러분은 어떤 생각을 가지고 계신가요?
한자의 어려움 때문에 또는 어려운 설명 때문에 시작하기도 전에 포기하지 않았나요?

『GO! 독학 중국어 첫걸음』은 중국어를 처음 시작하는 학습자들이 어렵지 않게 중국어 발음부터 실생활 회화까지 학습할 수 있도록 다양한 내용으로 구성하였습니다.

첫째, 일상에서 가장 많이 쓰이는 주제 20가지를 선정하였습니다. 다양한 내용을 통해 회화를 익혀 기본적인 의사소통을 할 수 있습니다.

둘째, 중국어 말문이 트이도록 말하기 중심으로 구성했습니다. 단계별 말하기 구성으로 누구나 체계적으로 쉽고 재미있게 학습할 수 있습니다.

셋째, 입문 단계에서 반드시 알아야 하는 핵심 문법들을 쉬운 설명과 함께 다양한 예문으로 중국어 구조를 익힐 수 있도록 하였습니다.

『GO! 독학 중국어 첫걸음』 도서를 마스터하는 순간, 능통한 중국통이 돼 있는 자신을 발견하게 될 것입니다.

'好好学习. 天天向上!(열심히 공부해서 나날이 발전하자!)'
여러분의 성공적인 중국어 공부를 응원합니다!

저자 시원스쿨어학연구소

차례

> **부록**
>
> 원어민 MP3 음원, 300개 단어 카드 PDF, 주제별 단어장 PDF,
> 단어·문장 쓰기 노트 PDF
> ➡ 시원스쿨 중국어 홈페이지(china.siwonschool.com) 접속 ▶ 학습지원센터 ▶ 공부 자료실에서 다운로드
>   받으실 수 있습니다.
>
> 원어민 MP3 음원(QR), 발음 무료 동영상 강의
> ➡ 도서 내 QR 코드를 스캔하여 시청할 수 있습니다.

새 단어

각 과의 주요 단어를 보기 쉽게 정리하였습니다. 본 내용을 학습 하기 전 MP3 음원을 들으며 단어를 익힌 후 본 학습에 들어가면 더 효과적으로 학습할 수 있습니다.

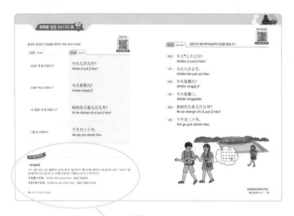

회화로 말문 트이GO

1단계 한국어 듣고 중국어 문장 유추하기 → 2단계 중국어 따라 말하기 → 3단계 상황 회화로 말문 트기 3단계의 체계적인 학습 방법으로 중국어를 자연스럽게 반복 연습할 수 있습니다.

더 알아보GO

회화 내용과 관련된 중국어 표현이나 보충 설명이 필요한 내용을 간략하게 제시하였습니다.

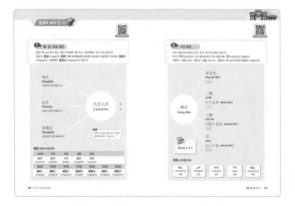

중국어 뼈대 잡GO

각 과의 핵심 문법을 선정하여 쉬운 이론 설명과 함께 패턴 형식으로 예문을 제시했습니다. 문장을 반복해서 따라 읽으며 중국어 구조를 파악해 보세요.

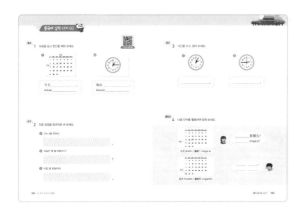

중국어 실력 다지GO

각 과에서 배운 단어, 회화, 문법을 복습해 볼 수 있도록 듣기, 쓰기, 읽기, 말하기 등 다양한 유형의 연습 문제로 구성하였습니다. 문제를 풀어보며 자신의 실력을 점검하세요.

특별 부가자료

원어민 MP3 음원

원어민의 음성을 들으며 중국어 듣기·말하기 연습을 할 수 있습니다. 회화문의 경우 느린 속도와 보통 속도 두 가지 음원을 제공하여 다양한 방식으로 학습할 수 있습니다.

발음 무료 동영상 강의

중국어의 발음 영상을 보며 연습해 보세요. 중국어 발음의 기본인 성조, 성모, 운모 등에 대한 기본 개념을 다지고, 정확한 발음을 구사할 수 있습니다.

300개 단어 카드 PDF

300개 단어 카드를 활용하여 단어를 쉽고 빠르게 암기할 수 있습니다.

주제별 단어장 PDF

일상에서 유용하게 쓰이는 단어를 주제별로 정리했습니다.

단어·문장 쓰기노트 PDF

각 과에서 학습한 단어와 문장을 직접 쓰며 연습할 수 있습니다.

Day	단원	회화 포인트	문법 포인트
예비 학습	중국어의 발음	• 중국어의 기본 성조, 성모, 운모 • 중국어의 성조 변화 • 한어 병음 표기 주의 사항 • 중국어 숫자 표현	
1일	1과	• 안녕! / 잘 가! • 고마워! / 미안해!	• 인사 표현 • 감사와 사과 표현
2일	2과	• 너는 잘 지내니? • 너 공부는 바쁘니?	• 형용사술어문 • 吗 의문문
3일	3과	• 너는 무엇을 사니? • 나는 드라마를 봐.	• 의문대사 什么 • 동사술어문
4일	4과	• 너는 이름이 뭐니? • 너는 어느 나라 사람이니?	• 是자문 • 국적 묻기
5일	5과	• 그녀는 누구니? • 이것은 너의 휴대 전화니?	• 구조조사 的 • 지시대사 这, 那
6일	6과	• 너는 어디에 가니? • 너는 보통 어디에서 밥을 먹니?	• 정반의문문 • 전치사 在
7일	7과	• 너의 집은 식구가 몇이니? • 그녀는 올해 몇 살이니?	• 有자문 • 多 + 형용사
8일	8과	• 오늘은 몇 월 며칠이니? • 지금 몇 시니?	• 월 · 일 · 요일 표현 • 시간 표현
9일	9과	• 사과는 어떻게 팔아요? • 무엇을 사시겠습니까?	• 인민폐 읽는 법 • 조동사 要
10일	10과	• 너는 기타를 칠 줄 아니? • 나는 배우고 있어.	• 조동사 会 • 부사 在

Day	단원	회화 포인트	문법 포인트
11일	11과	• 너는 중국 요리를 먹어 본 적 있니? • 마포더우푸 하나, 밥 두 공기 주세요.	• 동태조사 过 • 동사 来
12일	12과	• 여보세요, 실례지만 장밍 집에 있나요? • 네 휴대 전화 번호는 몇 번이니?	• 동사 在 • 양사 一下
13일	13과	• 이 근처에 약국이 있나요? • 우체국은 어떻게 가나요?	• 존재문 有, 是, 在 • 전치사 往
14일	14과	• 너는 지하철을 타고 등교하니, 아니면 버스를 타고 등교하니? • 비행기 표를 예약했니?	• 선택의문문 还是 • 동태조사 了
15일	15과	• 아마도 감기인 것 같아. • 어디가 불편하세요?	• 어기조사 了 • 就……了
16일	16과	• 오늘 날씨 어때? • 난방 틀었어. 조금 있으면 곧 따뜻해질 거야.	• 비교문 比 • 동태조사 着
17일	17과	• 나는 다이어트 중이야. • 그녀는 귀여우면서도 예뻐.	• 진행형 在 • 既……又……
18일	18과	• 패키지여행이 편하긴 편하지만, 일정이 너무 피곤하게 짜여 있어요. • 이등석 자리 한 장 주세요.	• A是A, 但是…… • 자주 쓰는 결과보어
19일	19과	• 나는 신나기도 하고 슬프기도 해. • 만약 궁금한 것이 있으면, 주저하지 말고 저희에게 전화를 해주시기 바랍니다.	• 又……又…… • 如果……, ……就……
20일	20과	• 나 드디어 일자리를 구했어! • 어제도 두 시간 야근했어.	• 피동문 被 • 시량보어

일러두기

품사 약어표

품사명	약어	품사명	약어	품사명	약어
명사	명	조동사	조동	의문대사	대
동사	동	접속사	접	지시대사	대
형용사	형	감탄사	감탄	어기조사	조
수사	수	접두사	접두	동태조사	조
부사	부	접미사	접미	구조조사	조
전치사	전	고유명사	고유		
양사	양	인칭대사	대		

등장인물 소개

이름 김동건
金东建
Jīn Dōngjiàn

국적 한국

이름 이수연
李秀妍
Lǐ Xiùyán

국적 한국

이름 김나영
金娜英
Jīn Nàyīng

국적 한국

이름 장밍
张明
Zhāng Míng

국적 중국

이름 왕란
王兰
Wáng Lán

국적 중국

이름 양양
杨洋
Yáng Yáng

국적 중국

중국어의 발음

발음 무료 동영상

• 중국어의 발음을 익히고 바르게 발음할 수 있다.

중국어의 발음

🐼 한어

중국어를 왜 '한어 汉语 Hànyǔ'라고 부를까요? 중국은 56개의 민족으로 구성된 다민족 국가로, 그중 한족이 전체 인구의 94%를 차지합니다. 이에 중국에서는 '한족의 말' 즉 '한어'를 중국어의 대표 언어로 지정하였습니다. 한어에도 여러 개의 방언이 있는데 그중에 표준어로 여기는 것을 '보통화 普通话 pǔtōnghuà'라고 부릅니다.

🐼 간체자

중국에서는 한자를 사용하는데, '번체자 繁体字 fántǐzì (정자)'가 아닌 '간체자 简体字 jiǎntǐzì (약자)'를 사용합니다. 간추려 쓰는 글자를 '간체자'라고 하며, 중국어를 표기하는 정식 글자입니다. 반면 우리나라, 타이완, 홍콩 등에서는 '번체자'를 씁니다.

🐼 한어병음

한자는 굉장히 오랜 역사를 지닌 뜻글자 언어이기 때문에 한자만 보고 바로 발음할 수 없어 로마자를 이용하여 발음 기호를 만들었는데, 그 발음 기호를 '한어병음 汉语拼音 Hànyǔ Pīnyīn'이라고 합니다. 한어병음은 성모, 운모, 성조로 구성됩니다.

🐼 성조

'성조 声调 shēngdiào'는 음의 높낮이를 말하며 네 개의 성조(억양)가 있습니다.

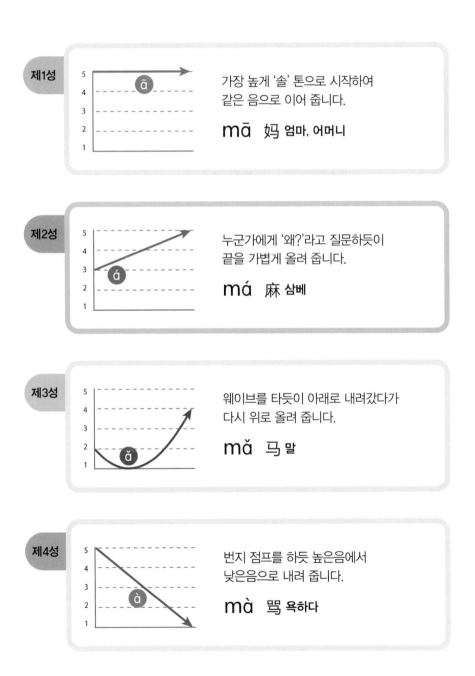

제1성

가장 높게 '솔' 톤으로 시작하여 같은 음으로 이어 줍니다.

mā 妈 엄마, 어머니

제2성

누군가에게 '왜?'라고 질문하듯이 끝을 가볍게 올려 줍니다.

má 麻 삼베

제3성

웨이브를 타듯이 아래로 내려갔다가 다시 위로 올려 줍니다.

mǎ 马 말

제4성

번지 점프를 하듯 높은음에서 낮은음으로 내려 줍니다.

mà 骂 욕하다

😺 성모

'성모 声母 shēngmǔ'는 우리말의 자음에 해당하며 총 21개가 있습니다. 성모는 단독으로 소리를 낼 수 없으며 항상 운모와 함께 결합하여 사용됩니다.

✿ 윗입술과 아랫입술을 붙였다 떼면서 발음합니다.

✿ 윗니를 아랫입술에 댔다가 떼면서 발음합니다.

✿ 혀끝을 윗니 안쪽의 잇몸에 댔다가 떼면서 발음합니다.

✿ 혀뿌리를 입천장에 가까이 대면서 발음합니다.

✿ 입을 옆으로 벌리고 혀를 넓게 피면서 발음합니다.

✿ 혀끝을 말아 입천장에 가까이 대면서 발음합니다.

✿ 혀끝을 윗니 뒤쪽에 가까이 대면서 발음합니다.

중국어 발음

Track 00-03

🐼 운모 1 (단운모)

'운모 韵母 yùnmǔ'는 우리말의 모음에 해당하는 부분으로, '바'에서 'ㅂ'을 제외한 'ㅏ'가 운모에 해당합니다. 총 36개가 있습니다.

☆ 운모에는 6개의 기본 운모가 있으며, 이를 단운모라고 합니다.

a	o	e
아	오어	으어
bā	pò	hē

i	u	ü
이	우	위
yī	wǔ	nǔ

🐼 운모 2 (결합운모)

Track 00-04

중국어의 성조 변화

Track 00-05

😺 제3성의 성조 변화

제3성의 성조가 연속으로 나올 경우 앞의 제3성은 제2성으로 읽습니다. 단 표기는 그대로 제3성으로 합니다.

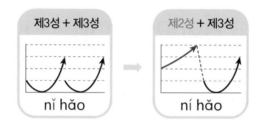

Track 00-06

😺 반3성

제3성 뒤에 제1성, 제2성, 제4성, 경성이 오면 앞의 제3성은 발음하기 쉽도록 반3성으로 읽습니다.

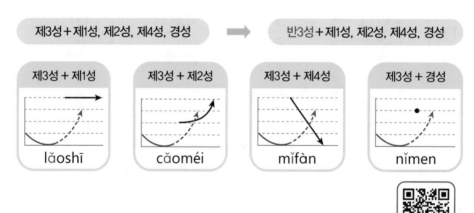

Track 00-07

😺 경성

경성은 본래의 성조 대신 짧고 가볍게 발음하는 성조를 말합니다. 경성은 성조 표기를 하지 않습니다.

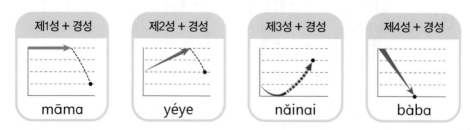

🐼 不의 성조 변화

'不 bù'는 원래 제4성이지만, 뒤에 제4성이 오면 제2성 'bú'로 발음합니다.

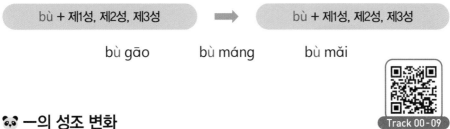

| bù + 제4성 | ➡ | bú + 제4성 |

bù qù → bú qù

bù kàn → bú kàn

'不'는 뒤에 제1성, 제2성, 제3성이 오면 원래 성조인 제4성으로 발음합니다.

| bù + 제1성, 제2성, 제3성 | ➡ | bù + 제1성, 제2성, 제3성 |

bù gāo   bù máng   bù mǎi

🐼 一의 성조 변화

'一 yī'는 원래 제1성이지만, 뒤에 제1성, 제2성, 제3성이 오면 제4성 'yì'로 발음합니다.

| yī + 제1성, 제2성, 제3성 | ➡ | yì + 제1성, 제2성, 제3성 |

yī tiān → yì tiān

yī nián → yì nián

yīqǐ → yìqǐ

'一' 뒤에 제4성, 경성이 오면 제2성 'yí'로 발음합니다.

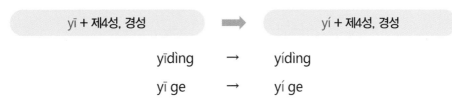

| yī + 제4성, 경성 | ➡ | yí + 제4성, 경성 |

yīdìng → yídìng

yī ge → yí ge

🐼 성조 표시 주의 사항

✿ 성조 표시는 a, o, e, i, u, ü 모음 위에 합니다.

ài	wǒ	zhè	nǐ	shū	iǔ

✿ 모음이 두 개 이상일 때는 입이 더 크게 벌어지는 운모에 성조를 표기합니다. 운모 i 와 u가 함께 오면 뒤에 오는 운모 위에 표기합니다.

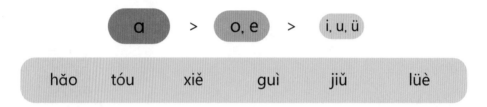

a > o, e > i, u, ü

hǎo	tóu	xiě	guì	jiǔ	lüè

✿ 운모 i 에 성조를 표기할 경우에는 i 위의 점은 생략합니다.

qī	xǐ	nín

✿ j, q, x 뒤에 ü가 올 경우 ü의 두 점을 생략합니다.

j + ü = ju → yóujú / q + ü = qu → qù / x + ü = xu → xuéxí

Track 00-10

 一 yī
하나, 1

 二 èr
둘, 2

 三 sān
셋, 3

 四 sì
넷, 4

 五 wǔ
다섯, 5

 六 liù
여섯, 6

 七 qī
일곱, 7

 八 bā
여덟, 8

 九 jiǔ
아홉, 9

 十 shí
열, 10

중국어 발음 연습 문제

1 중국어 발음 표기에서 각 부분에 해당하는 것을 쓰세요.

x iè

❶ 성모 ➡ _____

❷ 운모 ➡ _____

❸ 성조 ➡ _____

Track 00-11

2 녹음을 듣고 바르게 발음해 보세요.

❶

jiā

❷

gǒu

❸

chá

Track 00-12

3 녹음을 듣고 알맞은 성모와 운모를 골라 연결해 보세요.

❶ p ·   · Ⓐ èi

❷ l ·   · Ⓑ ián

❸ q ·   · Ⓒ ǎo

4 표에 해당하는 성조를 표기해 보세요.

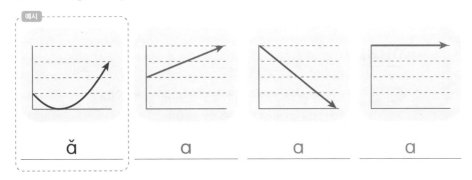

예시 ă   a   a   a

5 〈보기〉의 단어에 알맞은 표를 고른 후, 해당 단어를 써 보세요.

보기   māma   yéye   nǎinai   bàba

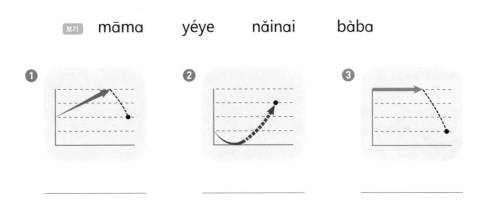

6 잰말놀이를 하며 발음을 연습해 보세요.

Track 00 - 13

Miào wàitou yì zhī báibái māo,   사당 밖에 흰 고양이 한 마리가 있고,

miào lǐtou yì zhī hēihēi māo.   사당 안에 검은 고양이 한 마리가 있어요.

Hēihēi māo bēi báibái māo,   검은 고양이는 흰 고양이를 등지고 있고,

báibái māo bēi hēihēi māo.   흰 고양이는 검은 고양이를 등지고 있어요.

01

你好!
Nǐ hǎo!

안녕!

학습 목표
- 만날 때와 헤어질 때 하는 인사를 할 수 있다.
- 감사와 사과의 표현을 할 수 있다.

再见!
잘 가!

Track 01-01

새 단어

상황 회화 1

· 你 nǐ 때 너
· 好 hǎo 형 안녕하다, 좋다
· 再见 zàijiàn 동 잘 가, 안녕히 가세요
· 明天 míngtiān 명 내일
· 见 jiàn 동 만나다

상황 회화 2

· 谢谢 xièxie 동 감사합니다, 고맙습니다
· 不客气 bú kèqi 천만에요
· 对不起 duìbuqǐ 미안합니다, 죄송합니다
· 没关系 méi guānxi 괜찮습니다

회화로 말문 트이GO ❶

중국어 문장이 익숙해질 때까지 따라 읽어 보세요.

천천히 연습
Track 01-02

1단계 한국어   **2단계** 중국어

안녕!	你好! Nǐ hǎo!
잘 가!	再见! Zàijiàn!
내일 만나!	明天见! Míngtiān jiàn!

더 알아보GO

• 인칭대사

		단수	복수
1인칭		我 wǒ 나	我们 wǒmen 우리(들)
2인칭		你 nǐ 너 / 您 nín 당신(你의 존칭어)	你们 nǐmen 너희(들) *您们 (x)
3인칭		他 tā 그(사람)	他们 tāmen 그들
		她 tā 그녀	她们 tāmen 그녀들

보통 속도로 연습
Track 01-03

3단계 상황 회화1   김동건과 왕란이 만나서 인사를 나눕니다.

김동건 ❶你好！
Nǐ hǎo!

왕란 你好！
Nǐ hǎo!

김동건과 왕란이 헤어지면서 인사를 나눕니다.

김동건 ❷再见！
Zàijiàn!

왕란 明天见！
Míngtiān jiàn!

회화로 말문 트이 GO ❷

중국어 문장이 익숙해질 때까지 따라 읽어 보세요.

천천히 연습
Track 01-04

1단계 한국어	**2단계** 중국어

고마워!

谢谢!
Xièxie!

천만에!

不客气!
Bú kèqi!

미안해!

对不起!
Duìbuqǐ!

괜찮아!

没关系!
Méi guānxi!

더 알아보GO

• 감사 표현

감사 표현은 '谢谢! Xièxie!' 이외에 '谢谢 + 호칭' 형식으로도 표현할 수 있습니다.

Ⓐ 谢谢老师! Xièxie lǎoshī! 감사합니다, 선생님!

Ⓑ 不客气! Bú kèqi! 천만에!

老师 lǎoshī 명 선생님

3단계 상황 회화2 　 장밍이 이수연에게 감사 인사를 합니다.

장밍　　谢谢!
　　　　Xièxie!

이수연　不客气!
　　　　Bú kèqi!

　　　장밍이 이수연에게 미안함을 표현합니다.

장밍　　对不起!
　　　　Duìbuqǐ!

이수연　没关系!
　　　　Méi guānxi!

1 만날 때 인사

만날 때 하는 인사 표현은 '*你好! Nǐ hǎo!*' 이외에 '상대방의 호칭/시간 + *好*' 형식으로도 표현할 수 있습니다.

您
Nín
안녕하세요!

大家
Dàjiā
여러분 안녕하세요!

好
hǎo

!
!

早上
Zǎoshang
좋은 아침이야!

---

word

您 nín 때 당신(你의 존칭어)

大家 dàjiā 때 여러분, 모두

早上 zǎoshang 명 아침

 헤어질 때 인사

헤어질 때 하는 인사 표현은 '**再见!** Zàijiàn!' 이외에 '만나는 시간/때 + **见**' 형식으로도 표현 할 수 있습니다.

下午
Xiàwǔ
오후에 만나!

晚上
Wǎnshang
저녁에 만나!

见
jiàn

!
!

后天
Hòutiān
모레 만나!

下午 xiàwǔ 몡 오후
晚上 wǎnshang 몡 저녁
后天 hòutiān 몡 모레

01 안녕! | 31

중국어 실력 다지 GO

Track 01-08

듣고

1 녹음을 듣고 알맞은 성조를 표기해 보세요.

①

wo

②

nimen

쓰고

2 다음 문장을 중국어로 써 보세요.

① 안녕!

        !

② 잘 가!

        !

③ 좋은 아침이야!

        !

읽고

3 중국어 문장을 읽고 알맞은 한국어 문장에 연결해 보세요.

① 大家好! •

② 明天见! •

③ 不客气! •

• Ⓐ 내일 만나!

• Ⓑ 여러분 안녕하세요!

• Ⓒ 천만에!

말하고

4 다음 단어를 활용하여 말해 보세요.

老师 lǎoshī

您 nín

_____好!
_____ hǎo!

你好!
Nǐ hǎo!

02

你好吗?
Nǐ hǎo ma?
너는 잘 지내니?

학습 목표 · 안부 인사를 할 수 있다.
· 만족 표현을 할 수 있다.

새 단어

상황 회화 1	상황 회화 2

상황 회화 1

- 吗 ma ㉿ ~입니까?
- 我 wǒ ㈐ 나
- 很 hěn ㈜ 아주, 매우
- 呢 ne ㉿ ~는(요)?
- 也 yě ㈜ ~도, 또한

상황 회화 2

- 最近 zuìjìn ㈇ 요즘, 최근
- 怎么样 zěnmeyàng ㈐ 어떠하다
- 还 hái ㈜ 그런대로, 비교적
- 可以 kěyǐ ㈑ 좋다, 괜찮다
- 学习 xuéxí ㈓ 공부하다, 학습하다
- 忙 máng ㈑ 바쁘다

천천히 연습

Track 02-02

중국어 문장이 익숙해질 때까지 따라 읽어 보세요.

1단계 한국어 | **2단계** 중국어

너는 잘 지내니?

你好吗?
Nǐ hǎo ma?

나는 잘 지내.

我很好。
Wǒ hěn hǎo.

너는?

你呢?
Nǐ ne?

나도 잘 지내.

我也很好。
Wǒ yě hěn hǎo.

더 알아보GO

• 어기조사 呢

'呢 ne'는 '~는(요)'라는 의미로 문장 끝에 쓰여 의문을 나타냅니다. 일반적으로 앞에 제시한 내용을 반복해서 말하지 않고 줄여서 물어볼 때 씁니다.

Ⓐ 你身体好吗? Nǐ shēntǐ hǎo ma? 건강은 어때?

Ⓑ 我很好。你呢? Wǒ hěn hǎo. Nǐ ne? 나는 좋아. 너는?

身体 shēntǐ 몡 건강, 몸

보통 속도로 연습

Track 02-03

3단계 상황 회화1 | 장밍과 이수연이 안부 인사를 나눕니다.

장밍
你好吗?
Nǐ hǎo ma?

이수연
❶我很好。你呢?
Wǒ hěn hǎo. Nǐ ne?

장밍
我也很好。谢谢！
Wǒ yě hěn hǎo. Xièxie!

상황 회화 한국어 해석 P226
02 너는 잘 지내니? | 37

중국어 문장이 익숙해질 때까지 따라 읽어 보세요.

천천히 연습

Track 02-04

1단계 한국어	**2단계** 중국어
너는 요즘 어떻게 지내니?	你最近怎么样? Nǐ zuìjìn zěnmeyàng?
그냥 그래.	还可以。 Hái kěyǐ.
너 공부는 바쁘니?	你学习忙吗? Nǐ xuéxí máng ma?
나 공부는 바빠.	我学习很忙。 Wǒ xuéxí hěn máng.

더 알아보GO

• 의문대사 怎么样

'怎么样 zěnmeyàng'은 '어떠하다'라는 의미로 상대방의 의견이나 상황, 상태가 어떠한지 물을 때 쓰는 표현입니다.

你觉得怎么样? 네 생각은 어때?
Nǐ juéde zěnmeyàng?

觉得 juéde ⑧ ~라고 생각하다

3단계 상황 회화2 　김동건과 장밍이 서로의 안부를 묻습니다.

김동건　你最近怎么样？
Nǐ zuìjìn zěnmeyàng?

장밍　还可以。
Hái kěyǐ.

김동건　你学习忙❷吗？
Nǐ xuéxí máng ma?

장밍　我学习很忙。
Wǒ xuéxí hěn máng.

1 형용사술어문

형용사술어문은 술어가 형용사로 이루어진 문장으로 '사람이나 사물이 어떠하다'라고 묘사할 때 씁니다. 보통 습관적으로 형용사 앞에 '很 hěn'을 쓰는데, 이때 해석은 하지 않아도 됩니다. 부정은 형용사 앞에 '～하지 않다'라는 의미를 나타내는 '不 bù'를 씁니다.

累。
lèi.
나는 피곤해.
부정 我不累。
나는 피곤하지 않아.

我
Wǒ

很
hěn

饿。
è.
나는 배가 고파.
부정 我不饿。
나는 배고프지 않아.

热。
rè.
나는 더워.
부정 我不热。
나는 덥지 않아.

累 lèi 형 피곤하다
不 bù 부 ～하지 않다, 아니다
饿 è 형 배고프다
热 rè 형 덥다

2 吗 의문문

'吗 ma'는 '〜입니까?'라는 의미로 문장 끝에 놓여 의문을 나타냅니다.

你冷
Nǐ lěng
너는 춥니?

你饱
Nǐ bǎo
너는 배부르니?

你高兴
Nǐ gāoxìng
너는 즐겁니?

吗
ma

?
?

word

冷 lěng 형 춥다
饱 bǎo 형 배부르다
高兴 gāoxìng 형 즐겁다, 기쁘다

1 녹음을 듣고 알맞은 성조를 표기해 보세요.

Track 02-08

❶

xuexi

❷

gaoxing

2 다음 문장을 중국어로 써 보세요.

❶ 나는 잘 지내.

。

❷ 너는 요즘 어떻게 지내니?

?

❸ 너 공부는 바쁘니?

?

3 중국어 문장을 읽고 알맞은 한국어 문장에 연결하세요.

❶ 你好吗? ● ● Ⓐ 그냥 그래.

❷ 我很热。 ● ● Ⓑ 너는 잘 지내니?

❸ 还可以。 ● ● Ⓒ 나는 더워.

4 다음 단어를 활용하여 말해 보세요.

冷 lěng

我很_____。你呢?
Wǒ hěn _____. Nǐ ne?

累 lèi

我也很_____。
Wǒ yě hěn _____.

03

你买什么?
Nǐ mǎi shénme?

너는 무엇을 사니?

학습 목표
- 구매 관련 표현을 할 수 있다.
- 동작이나 상태를 묻고 답할 수 있다.

케이크 cake

새 단어

상황 회화 1
- 买 mǎi (동) 사다, 구매하다
- 什么 shénme (대) 무엇, 무슨
- 书 shū (명) 책
- 汉语 Hànyǔ (명) 중국어

상황 회화 2
- 看 kàn (동) 보다
- 电影 diànyǐng (명) 영화
- 电视剧 diànshìjù (명) 드라마
- 中国 Zhōngguó (고유) 중국

你买什么?
너는 무엇을 사니?

我买书。
나는 책을 사.

천천히 연습
Track 03-02

중국어 문장이 익숙해질 때까지 따라 읽어 보세요.

1 단계 한국어	2 단계 중국어
너는 무엇을 사니?	你买什么? Nǐ mǎi shénme?
나는 책을 사.	我买书。 Wǒ mǎi shū.
너는 무슨 책을 사니?	你买什么书? Nǐ mǎi shénme shū?
나는 중국어 책을 사.	我买汉语书。 Wǒ mǎi Hànyǔ shū.

더 알아보GO

• 다양한 사물 명칭

本子 běnzi 노트

铅笔 qiānbǐ 연필

橡皮 xiàngpí 지우개

3단계 | 상황 회화1   장밍이 이수연에게 무슨 책을 사는지 묻습니다.

장밍   你买❶什么?
Nǐ mǎi shénme?

이수연   ❷我买书。
Wǒ mǎi shū.

장밍   你买什么书?
Nǐ mǎi shénme shū?

이수연   我买汉语书。
Wǒ mǎi Hànyǔ shū.

중국어 문장이 익숙해질 때까지 따라 읽어 보세요.

천천히 연습

Track 03-04

1단계 한국어	2단계 중국어
너는 영화를 보니?	你看电影吗? Nǐ kàn diànyǐng ma?
아니, 나는 드라마를 봐.	不, 我看电视剧。 Bù, wǒ kàn diànshìjù.
너는 무슨 드라마를 보니?	你看什么电视剧? Nǐ kàn shénme diànshìjù?
나는 중국 드라마를 봐.	我看中国电视剧。 Wǒ kàn Zhōngguó diànshìjù.

더 알아보GO

- **부정부사 不**

'不 bù'는 '~하지 않다', '아니다'라는 의미로 단독으로 쓰이거나 동사나 형용사 앞에 놓여 부정을 나타냅니다.

Ⓐ 你看电影吗? 너는 영화를 보니?
　Nǐ kàn diànyǐng ma?

Ⓑ 我不看电影。 나는 영화를 보지 않아.
　Wǒ bú kàn diànyǐng.

3단계 상황 회화2   텔레비전을 보고 있는 이수연에게 왕란이 무엇을 보는지 묻습니다.

왕란 **你看电影吗?**
Nǐ kàn diànyǐng ma?

이수연 **不, 我看电视剧。**
Bù, wǒ kàn diànshìjù.

왕란 **你看什么电视剧?**
Nǐ kàn shénme diànshìjù?

이수연 **我看中国电视剧。**
Wǒ kàn Zhōngguó diànshìjù.

Track 03-06

1 의문대사 什么

'什么 shénme'는 '무엇', '무슨'이라는 의미로 사물을 물을 때 씁니다.

你吃
Nǐ chī
너는 무엇을 먹니?

你听
Nǐ tīng
너는 무엇을 듣니?

什么
shénme

?
?

你喝
Nǐ hē
너는 무엇을 마시니?

word

吃 chī (동) 먹다
听 tīng (동) 듣다
喝 hē (동) 마시다

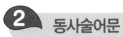 **2 동사술어문**

동사술어문은 동사가 술어로 쓰여 주어에 제시된 사람이나 사물의 동작이 '~하다'라고 표현할 때 씁니다. 동작을 부정할 때는 동사 앞에 '不 bù'를 씁니다.

我
Wǒ

吃
chī

听
tīng

喝
hē

饭。
fàn.
나는 밥을 먹어.
부정 我不吃饭。
나는 밥을 먹지 않아.

音乐。
yīnyuè.
나는 음악을 들어.
부정 我不听音乐。
나는 음악을 듣지 않아.

咖啡。
kāfēi.
나는 커피를 마셔.
부정 我不喝咖啡。
나는 커피를 마시지 않아.

 word

饭 fàn 몡 밥
音乐 yīnyuè 몡 음악
咖啡 kāfēi 몡 커피

중국어 실력 다지 GO

Track 03-08

듣고
1 녹음을 듣고 알맞은 성조를 표기해 보세요.

1

kafei

2

Hanyu shu

 쓰고
2 다음 문장을 중국어로 써 보세요.

1 너는 무엇을 먹니?

?

2 너는 무슨 드라마를 보니?

?

3 나는 음악을 듣지 않아.

。

읽고
3 중국어 문장을 읽고 알맞은 한국어 문장에 연결하세요.

❶ 我不吃饭。 ·

· Ⓐ 나는 커피를 마셔.

❷ 你看电影吗? ·

· Ⓑ 너는 영화를 보니?

❸ 我喝咖啡。 ·

· Ⓒ 나는 밥을 먹지 않아.

4 다음 단어를 활용하여 말해 보세요.

听 tīng / 音乐 yīnyuè

你_____什么?
Nǐ_____shénme?

看 kàn / 电视剧 diànshìjù

我_____ _____。
Wǒ_____ _____.

04 你叫什么名字?

Nǐ jiào shénme míngzi?

너는 이름이 뭐니?

학습 목표 · 이름을 묻고 답할 수 있다.
· 국적을 묻고 답할 수 있다.

你叫什么名字?
너는 이름이 뭐니?

我叫金东建。
저는 김동건이라고 합니다.

汉语

새 단어

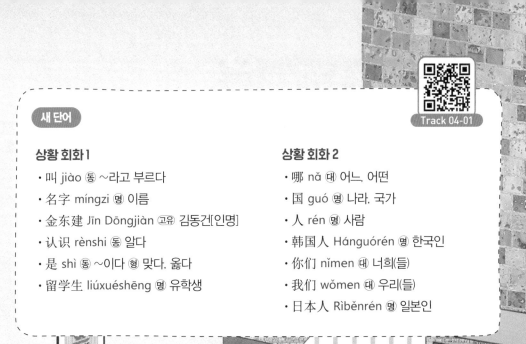

상황 회화 1

- 叫 jiào 동 ~라고 부르다
- 名字 míngzi 명 이름
- 金东建 Jīn Dōngjiàn 고유 김동건[인명]
- 认识 rènshi 동 알다
- 是 shì 동 ~이다 형 맞다, 옳다
- 留学生 liúxuéshēng 명 유학생

상황 회화 2

- 哪 nǎ 대 어느, 어떤
- 国 guó 명 나라, 국가
- 人 rén 명 사람
- 韩国人 Hánguórén 명 한국인
- 你们 nǐmen 대 너희(들)
- 我们 wǒmen 대 우리(들)
- 日本人 Rìběnrén 명 일본인

중국어 문장이 익숙해질 때까지 따라 읽어 보세요.

Track 04-02
천천히 연습

1단계 한국어	2단계 중국어
너는 이름이 뭐니?	你叫什么名字? Nǐ jiào shénme míngzi?
저는 김동건이라고 합니다.	我叫金东建。 Wǒ jiào Jīn Dōngjiàn.
만나서 반갑구나.	认识你很高兴。 Rènshi nǐ hěn gāoxìng.
저는 유학생이에요.	我是留学生。 Wǒ shì liúxuéshēng.

더 알아보GO

• 이름 묻는 표현

'你叫什么名字? Nǐ jiào shénme míngzi?'는 상대방의 이름을 물어볼 때 쓰고, 처음 만난 상대방의 성씨를 예의 바르게 물어볼 때는 '您贵姓? Nín guì xìng?'이라는 표현을 씁니다.

Ⓐ 您贵姓? Nín guì xìng? 성씨가 어떻게 되세요?

Ⓑ 我姓金, 叫金东建。Wǒ xìng Jīn, jiào Jīn Dōngjiàn. 저는 성이 김 씨고, 김동건이라고 합니다.

姓 xìng 몡 성씨 동 성이 ~이다

Track 04-03

3단계 상황 회화1 　장 선생님이 김동건에게 이름을 묻습니다.

장 선생님
你好！你叫什么名字？
Nǐ hǎo! Nǐ jiào shénme míngzi?

김동건
老师好！我叫金东建。
Lǎoshī hǎo! Wǒ jiào Jīn Dōngjiàn.

장 선생님
认识你很高兴。你❶是留学生吗？
Rènshi nǐ hěn gāoxìng. Nǐ shì liúxuéshēng ma?

김동건
是，我是留学生。
Shì, wǒ shì liúxuéshēng.

상황 회화 한국어 해석 P226

04 너는 이름이 뭐니? | 57

Track 04-04

천천히 연습

중국어 문장이 익숙해질 때까지 따라 읽어 보세요.

1단계 한국어	**2단계** 중국어
너는 어느 나라 사람이니?	你是哪国人? Nǐ shì nǎ guó rén?
저는 한국인이에요.	我是韩国人。 Wǒ shì Hánguórén.
너희도 한국인이니?	你们也是韩国人吗? Nǐmen yě shì Hánguórén ma?
아니요, 우리는 일본인이에요.	不是, 我们是日本人。 Bú shì, wǒmen shì Rìběnrén.

더 알아보GO

• **의문대사 哪**

'哪 nǎ'는 '어느', '어떤'이라는 의미의 의문대사로 문장 끝에 '吗 ma'를 붙이지 않습니다.

他是哪国人? 그는 어느 나라 사람이니?
Tā shì nǎ guó rén?

他 tā 때 그(사람)

3단계 상황 회화2 장 선생님이 김동건에게 국적을 묻습니다.

장 선생님 ❷ 你是哪国人?
　　　　　Nǐ shì nǎ guó rén?

김동건 我是韩国人。
　　　　Wǒ shì Hánguórén.

장 선생님 你们也是韩国人吗?
　　　　　Nǐmen yě shì Hánguórén ma?

학생1 不是, 我们是日本人。
　　　　Bú shì, wǒmen shì Rìběnrén.

Track 04-06

1 是자문

'是 shì'는 '~이다'라는 의미로 'A 是 B' 형식으로 씁니다. 부정은 '不是 bú shì'로 '~이 아니다'라는 의미를 나타냅니다.

老师。
lǎoshī.
나는 선생님이야.
부정 ▶ 我不是老师。
나는 선생님이 아니야.

我   是
Wǒ   shì

医生。
yīshēng.
나는 의사야.
부정 ▶ 我不是医生。
나는 의사가 아니야.

学生。
xuésheng.
나는 학생이야.
부정 ▶ 我不是学生。
나는 학생이 아니야.

word

医生 yīshēng 몡 의사
学生 xuésheng 몡 학생

Track 04-07

2 국적 묻기

국적을 물어볼 때는 '어느', '어떤'이라는 의미를 나타내는 의문대사 '哪 nǎ'를 사용하여 '你是 哪国人? Nǐ shì nǎ guó rén?'이라고 묻습니다. 대답은 '주어 + 是 + 국적' 형식으로 표현합니다.

A 你是哪国人?　　너는 어느 나라 사람이니?
Nǐ shì nǎ guó rén?

美国人
Měiguórén
나는 미국인이야.

英国人
Yīngguórén
나는 영국인이야.

B 我是
Wǒ shì

法国人
Fǎguórén
나는 프랑스인이야.

美国人 Měiguórén 몡 미국인
英国人 Yīngguórén 몡 영국인
法国人 Fǎguórén 몡 프랑스인

중국어 실력 다지 GO

Track 04-08

듣고

1 녹음을 듣고 알맞은 성조를 표기해 보세요.

❶

laoshi☐

❷

Meiguoren☐☐☐

 쓰고

2 다음 문장을 중국어로 써 보세요.

❶ 너는 이름이 뭐니?

?

❷ 만나서 반갑구나.

。

❸ 저는 한국인이에요.

。

3 중국어 문장을 읽고 알맞은 한국어 문장에 연결하세요.

❶ 你是留学生吗? •

❷ 你是哪国人? •

❸ 你们也是韩国人吗? •

• Ⓐ 너는 어느 나라 사람이니?

• Ⓑ 너희도 한국인이니?

• Ⓒ 너는 유학생이니?

4 다음 단어를 활용하여 말해 보세요.

学生 xuésheng

日本人 Rìběnrén

你是＿＿＿＿＿吗?
Nǐ shì ＿＿＿＿＿ma?

是, 我是＿＿＿＿＿。
Shì, wǒ shì ＿＿＿＿＿.

05

她是谁?
Tā shì shéi?

그녀는 누구니?

학습 목표
- 다른 사람을 소개할 수 있다.
- 사물의 명칭을 말할 수 있다.

她是谁?
그녀는 누구니?

她是我的朋友。
그녀는 내 친구야.

새 단어

상황 회화 1

- 她 tā 때 그녀
- 谁 shéi 때 누구, 누가
- 的 de 조 ~의
- 朋友 péngyou 명 친구
- 女朋友 nǚpéngyou 명 여자 친구
- 普通 pǔtōng 형 보통의

상황 회화 2

- 这 zhè 때 이(것)
- 手机 shǒujī 명 휴대 전화
- 对 duì 형 맞다, 옳다
- 那 nà 때 저(것)

회화로 말문 트이GO ❶

중국어 문장이 익숙해질 때까지 따라 읽어 보세요.

천천히 연습
Track 05-02

1단계 한국어	2단계 중국어
그녀는 누구니?	她是谁? Tā shì shéi?
그녀는 내 친구야.	她是我的朋友。 Tā shì wǒ de péngyou.
그녀는 너의 여자 친구니?	她是你的女朋友吗? Tā shì nǐ de nǚpéngyou ma?
그녀는 보통 친구야.	她是普通朋友。 Tā shì pǔtōng péngyou.

더 알아보GO

• 의문대사 谁

'谁 shéi'는 '누구', '누가'라는 의미로 대상이 누구인지 물을 때 씁니다.

她是谁的老师? 그녀는 누구의 선생님이니?
Tā shì shéi de lǎoshī?

3 단계 　상황 회화1　　왕란이 사진을 가리키며 김동건에게 누구인지 묻습니다.

Track 05-03

왕란　她是谁?
　　　Tā shì shéi?

김동건　她是我❶的朋友。
　　　　Tā shì wǒ de péngyou.

왕란　她是你的女朋友吗?
　　　Tā shì nǐ de nǚpéngyou ma?

김동건　不是, 她是普通朋友。
　　　　Bú shì, tā shì pǔtōng péngyou.

상황 회화 한국어 해석 P226

천천히 연습

Track 05-04

중국어 문장이 익숙해질 때까지 따라 읽어 보세요.

1단계 한국어	2단계 중국어
이것은 너의 휴대 전화니?	这是你的手机吗? Zhè shì nǐ de shǒujī ma?
맞아, 이것은 나의 휴대 전화야.	对, 这是我的手机。 Duì, zhè shì wǒ de shǒujī.
저것은 너의 책이니?	那是你的书吗? Nà shì nǐ de shū ma?
아니, 저것은 내 친구 거야.	不是, 那是我朋友的。 Bú shì, nà shì wǒ péngyou de.

 더 알아보GO

• 지시대사의 종류

	가까운 것을 가리키는 这	멀리 있는 것을 가리키는 那
사람/사물	这 zhè 이(것) 这个 zhège 이것	那 nà 저(것), 그(것) 那个 nàge 저것, 그것
장소	这儿 zhèr 여기 这里 zhèli 여기	那儿 nàr 저기, 거기 那里 nàli 저곳, 그곳

3단계 상황 회화2　　장밍이 이수연 옆에 놓인 책을 가리키며 이야기합니다.

장밍　❷这是你的手机吗?
Zhè shì nǐ de shǒujī ma?

이수연　对, 这是我的手机。
Duì, zhè shì wǒ de shǒujī.

장밍　❷那是你的书吗?
Nà shì nǐ de shū ma?

이수연　不是, 那是我朋友的。
Bú shì, nà shì wǒ péngyou de.

Track 05-06

1 구조조사 的

'的 de'는 '～의'라는 의미로 명사를 수식하는 역할을 합니다. 일반적으로 가족이나 친구, 소속 관계 등을 나타낼 때는 '的'를 생략하고 '명사 + 명사' 형식으로 씁니다.

衣服
yīfu
나의 옷

我
Wǒ

的
de

书包
shūbāo
나의 책가방

男朋友
nánpéngyou
나의 남자 친구

Tip!
'的'를 생략하여 '我男朋友'로 쓸 수도 있습니다.

衣服 yīfu 몡 옷
书包 shūbāo 몡 책가방
男朋友 nánpéngyou 몡 남자 친구

 2 지시대사 这, 那

지시대사 '这 zhè'는 '이(것)'이라는 의미로 가까운 사람이나 사물을 가리킬 때 쓰며, '那 nà'는 '저(것)'이라는 의미로 멀리 있는 사람이나 사물을 가리킬 때 씁니다.

这 / 那
Zhè / Nà

是词典。
shì cídiǎn.
이것(저것)은 사전이야.

是饮料。
shì yǐnliào.
이것(저것)은 음료수야.

是充电器。
shì chōngdiànqì.
이것(저것)은 충전기야.

词典 cídiǎn 몡 사전
饮料 yǐnliào 몡 음료수
充电器 chōngdiànqì 몡 충전기

중국어 실력 다지 GO

듣고

1 녹음을 듣고 알맞은 성조를 표기해 보세요.

Track 05-08

①

☐
pengyou

②

☐   ☐
chongdianqi

쓰고

2 다음 문장을 중국어로 써 보세요.

① 그녀는 누구니?

?

② 나의 책가방

③ 이것은 사전이야.

。

읽고
3 중국어 문장을 읽고 알맞은 한국어 문장에 연결하세요.

❶ 她是我的朋友。 • • **A** 그녀는 내 친구야.

❷ 那是饮料。 • • **B** 그녀는 너의 여자 친구니?

❸ 她是你的女朋友吗? • • **C** 저것은 음료수야.

말하고
4 다음 단어를 활용하여 말해 보세요.

衣服 yīfu

这(那)是你的_____吗?
Zhè(Nà) shì nǐ de_____ma?

手机 shǒujī

对，这(那)是我的_____。
Duì, zhè(nà) shì wǒ de_____.

你去哪儿?

Nǐ qù nǎr?

너는 어디에 가니?

학습 목표
- 장소에 대해 묻고 답할 수 있다.
- 맛 표현을 할 수 있다.

새 단어

상황 회화 1
- 去 qù 图 가다
- 哪儿 nǎr 때 어디, 어느 곳
- 图书馆 túshūguǎn 명 도서관
- 那 nà 집 그러면, 그렇다면
- 一起 yìqǐ 부 같이, 함께
- 吧 ba 조 ~하자

상황 회화 2
- 一般 yìbān 형 보통이다, 일반적이다
- 在 zài 전 ~에서
- 经常 jīngcháng 부 자주, 항상
- 食堂 shítáng 명 식당
- 饭菜 fàncài 명 밥과 반찬
- 好吃 hǎochī 형 맛있다

중국어 문장이 익숙해질 때까지 따라 읽어 보세요.

Track 06-02

천천히 연습

1단계 한국어	**2단계** 중국어
너는 어디에 가니?	**你去哪儿?** Nǐ qù nǎr?
나는 도서관에 가.	**我去图书馆。** Wǒ qù túshūguǎn.
너는 가니, 안 가니?	**你去不去?** Nǐ qù bu qù?
그러면 우리 같이 가자.	**那我们一起去吧。** Nà wǒmen yìqǐ qù ba.

더 알아보GO

• 의문대사 哪儿

'哪儿 nǎr'은 '어디', '어느 곳'이라는 의미로 장소를 물을 때 씁니다.

姐姐, 你去哪儿? 누나(언니), 어디 가?
Jiějie, nǐ qù nǎr?

姐姐 jiějie 몡 누나, 언니

Track 06-03

3단계 상황 회화1   김동건이 왕란에게 어디를 가는지 묻습니다.

김동건 > 你去哪儿?
Nǐ qù nǎr?

왕란 > 我去图书馆, 你❶去不去?
Wǒ qù túshūguǎn, nǐ qù bu qù?

김동건 > 我也去。
Wǒ yě qù.

왕란 > 那我们一起去吧。
Nà wǒmen yìqǐ qù ba.

중국어 문장이 익숙해질 때까지 따라 읽어 보세요.

1 단계 한국어	2 단계 중국어
너는 보통 어디에서 밥을 먹니?	你一般在哪儿吃饭? Nǐ yìbān zài nǎr chī fàn?
나는 자주 학생 식당에서 먹어.	我经常在学生食堂吃。 Wǒ jīngcháng zài xuésheng shítáng chī. **Tip!** 중국어로 '食堂'은 '구내식당'을 의미합니다.
밥과 반찬은 어때?	饭菜怎么样? Fàncài zěnmeyàng?
맛있어.	很好吃。 Hěn hǎochī.

더 알아보GO

• 맛 표현

시다	달다	쓰다	맵다	짜다	싱겁다
酸 suān	甜 tián	苦 kǔ	辣 là	咸 xián	淡 dàn

3단계 상황 회화2　이수연이 장밍에게 평소에 어디에서 밥을 먹는지 묻습니다.

이수연
> 你一般❷在哪儿吃饭?
> Nǐ yìbān zài nǎr chī fàn?

장밍
> 我经常在学生食堂吃。
> Wǒ jīngcháng zài xuésheng shítáng chī.

이수연
> 饭菜怎么样?
> Fàncài zěnmeyàng?

장밍
> 很好吃。
> Hěn hǎochī.

상황 회화 한국어 해석 P227

중국어 뼈대 잡 GO

Track 06-06

1 정반의문문

정반의문문은 동사나 형용사의 긍정형과 부정형을 동시에 써서 질문하는 의문문으로 문장 끝에 '吗 ma'를 쓰지 않습니다. 2음절 동사나 형용사일 경우 축약해서 물어볼 수 있습니다.

你
Nǐ

来不来
lái bu lái

喝不喝
hē bu hē

喜(欢)不喜欢
xǐ(huan) bu xǐhuan

这儿?
zhèr?
너는 여기에 오니, 안 오니?

水?
shuǐ?
너는 물 마시니, 안 마시니?

她?
tā?
너는 그녀를 좋아하니, 안 좋아하니?

来 lái ⑧ 오다
这儿 zhèr ㉐ 여기
水 shuǐ ⑲ 물
喜欢 xǐhuan ⑧ 좋아하다

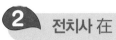
2 전치사 在

'在 zài'는 '~에서'라는 의미로 '在+명사(장소)' 형식으로 쓰이며 동작이 일어나는 장소를 나타냅니다.

家睡觉。
jiā shuìjiào.
나는 집에서 잠을 자.

图书馆学习。
túshūguǎn xuéxí.
나는 도서관에서 공부해.

我
Wǒ

在
zài

银行工作。
yínháng gōngzuò.
나는 은행에서 일해.

word

家 jiā 명 집, 가정
睡觉 shuìjiào 동 (잠을) 자다
银行 yínháng 명 은행
工作 gōngzuò 동 일을 하다

Track 06-08

듣고 1 녹음을 듣고 알맞은 성조를 표기해 보세요.

①

②

□ haochi □

□ shuijiao □

쓰고 2 다음 문장을 중국어로 써 보세요.

① 너는 어디에 가니?

?

② 그러면 우리 같이 가자.

。

③ 너는 보통 어디에서 밥을 먹니?

?

3 중국어 문장을 읽고 알맞은 한국어 문장에 연결하세요.

1 你喝不喝水? •　• Ⓐ 나는 은행에서 일해.

2 饭菜怎么样? •　• Ⓑ 밥과 반찬은 어때?

3 我在银行工作。 •　• Ⓒ 너는 물 마시니, 안 마시니?

4 다음 단어를 활용하여 말해 보세요.

图书馆 túshūguǎn

你去哪儿?
Nǐ qù nǎr?

食堂 shítáng

我去 _____。
Wǒ qù _____.

07

你家有几口人?

Nǐ jiā yǒu jǐ kǒu rén?

너의 집은 식구가 몇이니?

학습 목표 • 가족 구성원을 묻고 답할 수 있다.
• 나이를 묻고 답할 수 있다.

你家有几口人?
너의 집은 식구가 몇이니?

我家有四口人。
우리 집은 네 식구가 있어.

새 단어

상황 회화 1

- 有 yǒu 동 있다
- 几 jǐ 수 몇
- 口 kǒu 양 가족을 세는 단위
- 都 dōu 부 모두
- 爸爸 bàba 명 아빠
- 妈妈 māma 명 엄마
- 弟弟 dìdi 명 남동생
- 和 hé 접 ~와(과)

상황 회화 2

- 兄弟 xiōngdì 명 형제
- 姐妹 jiěmèi 명 자매
- 个 ge 양 명, 개[사람이나 물건을 세는 단위]
- 妹妹 mèimei 명 여동생
- 今年 jīnnián 명 올해
- 多 duō 부 얼마나
- 大 dà 형 (나이가) 많다
- 岁 suì 양 살, 세

회화로 말문 트이 GO ❶

중국어 문장이 익숙해질 때까지 따라 읽어 보세요.

천천히 연습

Track 07-02

1단계 한국어	**2단계** 중국어
너의 집은 식구가 몇이니?	你家有几口人? Nǐ jiā yǒu jǐ kǒu rén?
우리 집은 네 식구가 있어.	我家有四口人。 Wǒ jiā yǒu sì kǒu rén.
모두 누구누구 있니?	都有什么人? Dōu yǒu shénme rén?
아빠, 엄마, 남동생 그리고 나야.	爸爸、妈妈、弟弟和我。 Bàba、māma、dìdi hé wǒ.

더 알아보GO

• 수사 几

'几 jǐ'는 '몇'이라는 의미로 10 이하의 수를 물을 때 쓰는 표현입니다.

他家有几口人? 그의 집은 식구가 몇이니?
Tā jiā yǒu jǐ kǒu rén?

Track 07-03

3단계 | 상황 회화1   김동건이 왕란에게 가족 구성원에 대해 묻습니다.

김동건
你家❶有几口人?
Nǐ jiā yǒu jǐ kǒu rén?

왕란
我家有四口人。
Wǒ jiā yǒu sì kǒu rén.

김동건
都有什么人?
Dōu yǒu shénme rén?

왕란
爸爸、妈妈、弟弟和我。
Bàba、māma、dìdi hé wǒ.

회화로 말문 트이 GO ❷

중국어 문장이 익숙해질 때까지 따라 읽어 보세요.

천천히 연습

Track 07-04

1단계 한국어	2단계 중국어
너는 형제자매가 있니?	**你有兄弟姐妹吗?** Nǐ yǒu xiōngdì jiěmèi ma?
나는 여동생이 한 명 있어.	**我有一个妹妹。** Wǒ yǒu yí ge mèimei.
그녀는 올해 몇 살이니?	**她今年多大?** Tā jīnnián duō dà?
그녀는 올해 열두 살이야.	**她今年十二岁。** Tā jīnnián shí'èr suì.

더 알아보GO

• **나이 묻는 표현**

중국어로 나이를 묻는 표현은 다양합니다.

10살 미만   你几岁? Nǐ jǐ suì? 너는 몇 살이니?

10살 이상(동년배)   你多大? Nǐ duō dà? 너는 나이가 어떻게 되니?

웃어른   您多大年纪? Nín duō dà niánjì? 당신은 연세가 어떻게 되세요?

> 年纪 niánjì 명 연세, 나이

Track 07-05

단계 상황 회화2 　이수연이 장밍의 여동생 나이를 묻습니다.

이수연　你有兄弟姐妹吗?
Nǐ yǒu xiōngdì jiěmèi ma?

장밍　我有一个妹妹。
Wǒ yǒu yí ge mèimei.

이수연　她今年❷多大?
Tā jīnnián duō dà?

장밍　她今年十二岁。
Tā jīnnián shí'èr suì.

상황 회화 한국어 해석 P227
07 너의 집은 식구가 몇이니? ｜ 89

Track 07-06

1 有자문

'有 yǒu'는 '있다'라는 의미로 소유나 존재를 나타냅니다. 부정은 '없다'라는 의미를 나타내는 '没有 méiyǒu'를 씁니다.

哥哥。
gēge.
나는 형(오빠)이 있어.
> 부정   我没有哥哥。
          나는 형(오빠)이 없어.

我   有
Wǒ   yǒu

时间。
shíjiān.
나는 시간이 있어.
> 부정   我没有时间。
          나는 시간이 없어.

信用卡。
xìnyòngkǎ.
나는 신용 카드가 있어.
> 부정   我没有信用卡。
          나는 신용 카드가 없어.

哥哥 gēge 몡 형, 오빠
没有 méiyǒu 동 없다
时间 shíjiān 몡 시간
信用卡 xìnyòngkǎ 몡 신용 카드

2 多+형용사

'多 duō'는 '얼마'라는 의미를 가진 의문사로 뒤에 형용사를 붙이면 '얼마나 ～하나요?'라는 의미를 나타냅니다.

长?
cháng?
얼마나 길어?

多
Duō

久?
jiǔ?
얼마나 걸려?

热?
rè?
얼마나 더워?

长 cháng 형 길다
久 jiǔ 형 오래다, 시간이 길다

Track 07-08

듣고

1 녹음을 듣고 빈칸을 채워 보세요.

我家有＿＿＿＿口人。

Wǒ jiā yǒu ＿＿＿＿ kǒu rén.

20살

我今年＿＿＿＿岁。

Wǒ jīnnián ＿＿＿＿ suì.

쓰고

2 다음 문장을 중국어로 써 보세요.

1 너는 형제자매가 있니?

?

2 나는 시간이 있어.

。

3 나는 신용 카드가 없어.

。

3 중국어 문장을 읽고 알맞은 한국어 문장에 연결하세요.

1 您多大年纪?　　·　　·　**Ⓐ** 모두 누구누구 있니?

2 我有哥哥。　　·　　·　**Ⓑ** 당신은 연세가 어떻게 되세요?

3 都有什么人?　　·　　·　**Ⓒ** 나는 형(오빠)이 있어.

4 연령대에 따라 알맞은 질문을 하고, 대답해 보세요.

질문　　几岁?　　　多大年纪?
　　　jǐ suì?　　　duō dà niánjì?

八岁 bā suì

她/他今年＿＿＿＿＿＿?
Tā/Tā jīnnián＿＿＿＿＿＿?

七十五岁 qīshíwǔ suì

她/他今年＿＿＿＿＿＿。
Tā/Tā jīnnián＿＿＿＿＿＿.

08 现在几点?

Xiànzài jǐ diǎn?

지금 몇 시니?

학습 목표
- 날짜와 요일을 묻고 답할 수 있다.
- 시간을 묻고 답할 수 있다.

现在几点?
지금 몇 시니?

差五分十二点。
12시 5분 전이야.

새 단어

상황 회화 1

· 今天 jīntiān 명 오늘
· 月 yuè 명 월, 달
· 号 hào 명 일, 날짜
· 星期 xīngqī 명 주, 요일
· 生日 shēngrì 명 생일
· 下个月 xià ge yuè 다음 달

상황 회화 2

· 现在 xiànzài 명 지금, 현재
· 点 diǎn 양 시[시간을 세는 단위]
· 差 chà 동 ~전, 부족하다
· 分 fēn 양 분
· 上课 shàngkè 동 수업을 듣다
· 刻 kè 양 15분
· 下课 xiàkè 동 수업이 끝나다
· 两 liǎng 수 둘, 2
· 半 bàn 수 반, 30분

천천히 연습
Track 08-02

중국어 문장이 익숙해질 때까지 따라 읽어 보세요.

1단계 한국어	2단계 중국어
오늘은 몇 월 며칠이니?	今天几月几号? Jīntiān jǐ yuè jǐ hào?
오늘은 무슨 요일이니?	今天星期几? Jīntiān xīngqī jǐ?
네 생일은 몇 월 며칠이니?	你的生日是几月几号? Nǐ de shēngrì shì jǐ yuè jǐ hào?
다음 달 30일이야.	下个月三十号。 Xià ge yuè sānshí hào.

더 알아보GO

• 명사술어문

나이, 날짜, 요일, 시간, 출생지와 관련된 명사는 일반적으로 '是 shì'를 생략하고 직접 술어로 쓰일 수 있는데, 이를
명사술어문이라고 합니다. 단, 부정을 말할 때는 '不是 bú shì'라고 해야 합니다.

今天(是)十五号。 Jīntiān (shì) shíwǔ hào. 오늘은 15일이야.

今天不是十五号。 Jīntiān bú shì shíwǔ hào. 오늘은 15일이 아니야.

3단계 | 상황 회화1 | 김동건이 왕란에게 날짜와 요일을 묻습니다.

김동건 今天❶几月几号?
Jīntiān jǐ yuè jǐ hào?

왕란 今天八月五号。
Jīntiān bā yuè wǔ hào.

김동건 今天星期几?
Jīntiān xīngqī jǐ?

왕란 今天星期三。
Jīntiān xīngqīsān.

김동건 你的生日是几月几号?
Nǐ de shēngrì shì jǐ yuè jǐ hào?

왕란 下个月三十号。
Xià ge yuè sānshí hào.

상황 회화 한국어 해석 P227

천천히 연습

Track 08-04

중국어 문장이 익숙해질 때까지 따라 읽어 보세요.

1단계 한국어	**2단계** 중국어
지금 몇 시니?	现在几点? Xiànzài jǐ diǎn?
12시 5분 전이야.	差五分十二点。 Chà wǔ fēn shí'èr diǎn.
1시 15분에 수업이야.	一点一刻上课。 Yī diǎn yí kè shàngkè.
2시 반에 수업이 끝나.	两点半下课。 Liǎng diǎn bàn xiàkè.

더 알아보GO

• **동사 差**

'差 chà'는 '부족하다', '모자라다'라는 의미이지만 시간을 말할 때는 '몇 시 전', '몇 분 전'의 '~전'을 나타냅니다.

Ⓐ 现在几点? 지금 몇 시니?
　 Xiànzài jǐ diǎn?

Ⓑ 差一刻八点。 8시 15분 전이야.
　 Chà yí kè bā diǎn.

3단계 상황 회화2   장밍이 이수연에게 수업 시간에 대해 묻습니다.

장밍 现在❷几点？
Xiànzài jǐ diǎn?

이수연 差五分十二点。
Chà wǔ fēn shí' èr diǎn.

장밍 你几点上课？
Nǐ jǐ diǎn shàngkè?

이수연 一点一刻上课。
Yī diǎn yí kè shàngkè.

장밍 你几点下课？
Nǐ jǐ diǎn xiàkè?

이수연 两点半下课。
Liǎng diǎn bàn xiàkè.

상황 회화 한국어 해석 P227

중국어 뼈대 잡 GO

Track 08-06

1 월·일·요일 표현

'월'은 '月 yuè'라고 하고 '일'은 구어체로 '号 hào', 문어체로는 '日 rì'라고 합니다.
'요일'은 '星期 xīngqī'로 '星期' 뒤에 숫자를 붙여 요일을 나타내며, 일요일만 구어체로 '星期天 xīngqītiān', 문어체로 '星期日 xīngqīrì'라고 합니다.

明天
Míngtiān
내일은 몇 월 며칠이니?

后天
Hòutiān
모레는 몇 월 며칠이니?

几月几号
jǐ yuè jǐ hào

?
?

星期五
Xīngqīwǔ
금요일은 몇 월 며칠이니?

Tip!
날짜와 요일을 말할 때는 '是'를 생략하여 말할 수 있습니다.

Tip 날짜와 요일 표현

그저께	어제	오늘	내일	모레		
前天 qiántiān	昨天 zuótiān	今天 jīntiān	明天 míngtiān	后天 hòutiān		
월요일	화요일	수요일	목요일	금요일	토요일	일요일
星期一 xīngqīyī	星期二 xīngqī'èr	星期三 xīngqīsān	星期四 xīngqīsì	星期五 xīngqīwǔ	星期六 xīngqīliù	星期天 xīngqītiān

2 시간 표현

'시'는 '点 diǎn'이라고 하고 '분'은 '分 fēn'이라고 합니다.
'2시'는 '两 liǎng'으로, 시간 중간에 숫자 '0'이 있을 때는 '零 líng'이라고 읽습니다.
'15분'은 '一刻 yí kè', '45분'은 '三刻 sān kè', '30분'은 '半 bàn'이라고 표현할 수 있습니다.

两点
Liǎng diǎn

零五分
líng wǔ fēn
2:05

一刻
yí kè
(=十五分 shíwǔ fēn)
2:15

三刻
sān kè
(=四十五分 sìshíwǔ fēn)
2:45

半
bàn
(=三十分 sānshí fēn)
2:30

word

零 líng ㈜ 영, 0

Tip 시간대별 표현

| 早上
zǎoshang
아침 | → | 上午
shàngwǔ
오전 | → | 中午
zhōngwǔ
정오 | → | 下午
xiàwǔ
오후 | → | 晚上
wǎnshang
저녁 |

Track 08-08

듣고

1 녹음을 듣고 빈칸을 채워 보세요.

①

			8月			
星期日	星期一	星期二	星期三	星期四	星期五	星期六
	1	2	3	4	5	6	7
오늘	8	9	10	(11)	12	13	14
	15	16	17	18	19	20	21
	22	23	24	25	26	27	28
	29	30	31				

今天_____。

Jīntiān_____.

②

现在_____。

Xiànzài_____.

쓰고

2 다음 문장을 중국어로 써 보세요.

① 12시 5분 전이야.

_____。

② 오늘은 몇 월 며칠이니?

_____?

③ 다음 달 30일이야.

_____。

읽고 3 시간을 쓰고, 읽어 보세요.

❶

❷

_____ 。

_____ 。

말하고 4 다음 단어를 활용하여 말해 보세요.

星期日	星期一	星期二	星期三	星期四	星期五	星期六
	1	2	3	4	5	6	7
	8	9	10	11	12	13	14
오늘	15	16	(17)	18	19	20	21
	22	23	24	25	26	27	28
	29	30	31				

今天 jīntiān / 星期二 xīngqī'èr

_____ 星期几?
_____ xīngqī jǐ?

星期日	星期一	星期二	星期三	星期四	星期五	星期六
	1	2	3	4	5	6	7
	8	9	10	11	12	13	14
	15	16	17	18	19	20	21
모레	22	23	24	25	26	27	28
	(29)	30	31				

后天 hòutiān / 星期天 xīngqītiān

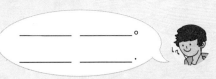

_____ _____ _____ 。
_____ _____ _____ .

09

苹果怎么卖?

Píngguǒ zěnme mài?

사과는 어떻게 팔아요?

학습 목표 • 물건의 가격을 물을 수 있다.

• 가격 흥정을 할 수 있다.

새 단어

상황 회화 1

- 苹果 píngguǒ 몡 사과
- 怎么 zěnme 떼 어떻게, 어째서
- 卖 mài 동 팔다
- 块 kuài 양 콰이[중국의 화폐 단위]
- 钱 qián 몡 돈
- 斤 jīn 양 근(500g)
- 香蕉 xiāngjiāo 몡 바나나
- 多少 duōshao 떼 얼마
- 一共 yígòng 부 모두, 전부

상황 회화 2

- 要 yào 조동 ~하려고 하다, 원하다
- 条 tiáo 양 벌[가늘고 긴 것을 세는 단위]
- 裤子 kùzi 몡 바지
- 才 cái 부 겨우
- 太……了 tài……le 너무 ~하다
- 贵 guì 형 비싸다
- 便宜 piányi 형 싸다, 저렴하다
- (一)点儿 (yì)diǎnr 양 약간, 조금
- 行 xíng 동 좋다

苹果怎么卖?
사과는 어떻게 팔아요?

五块钱一斤。
한 근에 5위안이에요.

중국어 문장이 익숙해질 때까지 따라 읽어 보세요.

1단계 한국어	**2**단계 중국어
사과는 어떻게 팔아요?	苹果怎么卖? Píngguǒ zěnme mài?
한 근에 5위안이에요.	五块钱一斤。 Wǔ kuài qián yì jīn.
바나나는 한 근에 얼마예요?	香蕉一斤多少钱? Xiāngjiāo yì jīn duōshao qián?
모두 얼마예요?	一共多少钱? Yígòng duōshao qián?

더 알아보GO

• 의문대사 怎么

'怎么 zěnme'는 '어떻게', '어째서'라는 의미로 방식이나 성질, 원인을 물을 때 씁니다.

这个字怎么写? 이 글자는 어떻게 쓰나요?
Zhège zì zěnme xiě?

这个 zhège 때 이(것) | 字 zì 명 글자, 문자 | 写 xiě 동 쓰다

3단계 상황 회화1 김동건이 과일 가게에 과일 가격을 묻습니다.

Track 09-03

김동건
> 苹果怎么卖?
> Píngguǒ zěnme mài?

판매원
> 五❶块钱一斤。
> Wǔ kuài qián yì jīn.

김동건
> 香蕉一斤多少钱?
> Xiāngjiāo yì jīn duōshao qián?

판매원
> 一斤三块五。
> Yì jīn sān kuài wǔ.

김동건
> 两斤苹果和一斤香蕉，一共多少钱?
> Liǎng jīn píngguǒ hé yì jīn xiāngjiāo, yígòng duōshao qián?

판매원
> 一共十三块五。
> Yígòng shísān kuài wǔ.

중국어 문장이 익숙해질 때까지 따라 읽어 보세요.

1단계 한국어	2단계 중국어
무엇을 사시겠습니까?	您要买什么? Nín yào mǎi shénme?
저는 바지 한 벌을 사려고 해요.	我要买一条裤子。 Wǒ yào mǎi yì tiáo kùzi.
이거 한번 보세요.	你看看这条。 Nǐ kànkan zhè tiáo.
너무 비싸요, 조금 깎아 주세요.	太贵了,便宜(一)点儿吧。 Tài guì le, piányi (yì)diǎnr ba.

더 알아보GO

• **동사 중첩**

동사 중첩은 '좀 ~하다'라는 의미로 가볍고 부드러운 어감을 나타냅니다. 이때 두 번째 음절은 경성으로 읽습니다.

你尝尝。너 맛 좀 봐.
Nǐ chángchang.

你说说。너 말해 봐.
Nǐ shuōshuo.

尝 cháng 동 맛보다 | 说 shuō 동 말하다

Track 09-05

3단계 상황 회화2 　장밍이 옷가게에서 가격을 흥정합니다.

판매원　您好，您❷要买什么？
　　　　Nín hǎo, nín yào mǎi shénme?

장밍　　我要买一条裤子。
　　　　Wǒ yào mǎi yì tiáo kùzi.

판매원　你看看这条，才八十五块。
　　　　Nǐ kànkan zhè tiáo, cái bāshíwǔ kuài.

장밍　　八十五块？太贵了，便宜(一)点儿吧。
　　　　Bāshíwǔ kuài? Tài guì le, piányi (yì)diǎnr ba.

판매원　行，八十块吧。
　　　　Xíng, bāshí kuài ba.

장밍　　好的。
　　　　Hǎo de.

Track 09-06

1 인민폐 읽는 법

중국의 화폐는 '人民币 rénmínbì 인민폐'라고 합니다. 화폐 단위는 구어체로 '块 kuài', '毛 máo', '分 fēn'이라 하고, 문어체로는 '元 yuán', '角 jiǎo', '分 fēn'이라고 합니다.

两
liǎng
2元

Tip!
2가 단독으로 쓰일 경우 '两 liǎng'으로 읽습니다.

两
liǎng
2.2元

Tip!
2가 돈의 액수 중간에 나오거나
끝에 나올 경우 '二 èr'로 읽습니다.

二
èr

块
kuài

七百五十六
qībǎi wǔshíliù
756.34元

Tip!
'分'은 생략하여 말할 수 있습니다.

三毛四(分)
sān máo sì (fēn)

五百零三
wǔbǎi líng sān
503.80元

Tip!
중간에 0이 나오면 '零 líng'이라고 읽습니다.

八毛
bā máo

 **조동사 要**

'要 yào'는 '～하려고 하다'라는 의미로 의지를 나타냅니다. 要의 부정은 '不想 bù xiǎng' 으로 '～하고 싶지 않다'라는 의미를 나타냅니다.

喝咖啡。
hē kāfēi.
나는 커피를 마시려고 해.

> 부정　我不想喝咖啡。
> 나는 커피를 마시고 싶지 않아.

我　　　要
Wǒ　　　yào

学日语。
xué Rìyǔ.
나는 일본어를 배우려고 해.

> 부정　我不想学日语。
> 나는 일본어를 배우고 싶지 않아.

去商场。
qù shāngchǎng.
나는 백화점에 가려고 해.

> 부정　我不想去商场。
> 나는 백화점에 가고 싶지 않아.

想 xiǎng 통 ～하고 싶다, ～하려고 하다
日语 Rìyǔ 명 일본어
商场 shāngchǎng 명 백화점, 쇼핑 센터

Track 09-08

듣고

1 녹음을 듣고 빈칸을 채워 보세요.

❶

_____一斤。
_____yì jīn.

❷

我要买_____。
Wǒ yào mǎi _____.

쓰고

2 다음 문장을 중국어로 써 보세요.

❶ 무엇을 사시겠습니까?

?

❷ 조금 깎아 주세요.

。

❸ 나는 일본어를 배우려고 해.

。

3 중국어 문장을 읽고 알맞은 한국어 문장에 연결하세요.

1 我不想喝咖啡。 •

• **A** 모두 얼마예요?

2 一共多少钱? •

• **B** 바나나는 한 근에 얼마예요?

3 香蕉一斤多少钱? •

• **C** 나는 커피를 마시고 싶지 않아.

4 다음 단어를 활용하여 말해 보세요.

딸기 5.5元 / 바나나 4元

一共多少钱?
Yígòng duōshao qián?

수박 10.3元 / 포도 4.7元

一共＿＿＿＿＿＿。
Yígòng ＿＿＿＿＿＿.

10 你会弹吉他吗?

Nǐ huì tán jítā ma?

너는 기타를 칠 줄 아니?

학습 목표 • 능력 표현을 할 수 있다.
• 취미 관련 표현을 할 수 있다.

새 단어

상황 회화 1

- 会 huì 조동 ~할 줄 알다
- 弹 tán 동 (악기를) 치다, 연주하다
- 吉他 jítā 명 기타
- 什么时候 shénme shíhou 언제
- 开始 kāishǐ 동 시작하다
- 学 xué 동 배우다, 학습하다
- 高中 gāozhōng 명 고등학교
- 有意思 yǒu yìsi 형 재미있다
- 非常 fēicháng 부 매우, 대단히

상황 회화 2

- 游泳 yóuyǒng 동 수영하다
- 在 zài 부 ~하는 중이다
- 呢 ne 조 동작이나 상황의 지속됨을 나타냄
- 学校 xuéxiào 명 학교
- 附近 fùjìn 명 근처, 부근
- 健身房 jiànshēnfáng 명 헬스장

천천히 연습

Track 10-02

중국어 문장이 익숙해질 때까지 따라 읽어 보세요.

1단계 한국어	**2단계** 중국어
너는 기타를 칠 줄 아니?	你会弹吉他吗? Nǐ huì tán jítā ma?
언제부터 배우기 시작했니?	是什么时候开始学的? Shì shénme shíhou kāishǐ xué de?
고등학교 때 배우기 시작했어.	高中开始学的。 Gāozhōng kāishǐ xué de.
정말 재미있어.	非常有意思。 Fēicháng yǒu yìsi.

더 알아보GO

• 강조 표현 是……的

'是……的 shì……de'는 어떤 동작이 발생한 시간, 장소, 방식 등을 강조할 때나 행위의 주체를 강조할 때 쓰는 표현으로 구어체에서는 일반적으로 '是'가 생략됩니다.

你(是)什么时候来的? 너는 언제 왔니?
Nǐ (shì) shénme shíhou lái de?

Track 10-03

3단계 상황 회화1   왕란이 김동건에게 기타를 칠 수 있는지 묻습니다.

왕란 〉 你❶会弹吉他吗?
Nǐ huì tán jítā ma?

김동건 〉 会一点儿。
Huì yìdiǎnr.

왕란 〉 是什么时候开始学的?
Shì shénme shíhou kāishǐ xué de?

김동건 〉 高中开始学的。
Gāozhōng kāishǐ xué de.

왕란 〉 弹吉他有意思吗?
Tán jítā yǒu yìsi ma?

김동건 〉 非常有意思。
Fēicháng yǒu yìsi.

상황 회화 한국어 해석 P228

중국어 문장이 익숙해질 때까지 따라 읽어 보세요.

천천히 연습
Track 10-04

1 단계 한국어 | **2 단계** 중국어

너는 수영을 할 줄 아니?	你会游泳吗? Nǐ huì yóuyǒng ma?
나도 못해, 나는 배우고 있어.	我也不会，我在学呢。 Wǒ yě bú huì, wǒ zài xué ne.
어디에서 배우는 중이니?	在哪儿学呢? Zài nǎr xué ne?
학교 근처의 헬스장에서 하는 중이야.	在学校附近的健身房。 Zài xuéxiào fùjìn de jiànshēnfáng.

더 알아보GO

• 운동 관련 단어

跑步 pǎobù
조깅을 하다

滑冰 huábīng
스케이트를 타다

练瑜伽 liàn yújiā
요가를 하다

Track 10-05

3단계 상황 회화2 | 장밍이 이수연에게 수영을 할 줄 아는지 묻습니다.

장밍
你会游泳吗?
Nǐ huì yóuyǒng ma?

이수연
我不会, 你呢?
Wǒ bú huì, nǐ ne?

장밍
我也不会, 我❷在学呢。
Wǒ yě bú huì, wǒ zài xué ne.

이수연
在哪儿学呢?
Zài nǎr xué ne?

장밍
在学校附近的健身房。
Zài xuéxiào fùjìn de jiànshēnfáng.

이수연
是吗? 那我也要学。
Shì ma? Nà wǒ yě yào xué.

 중국어 뼈대 잡 GO

Track 10-06

1 조동사 会

'会 huì'는 '~할 줄 안다', '~할 수 있다'라는 의미로 어떤 일을 학습이나 배움을 통해 할 수 있게 된 경우에 쓰는 표현입니다. 부정을 나타낼 때는 '会' 앞에 '不'를 씁니다.

我
Wǒ

会
huì

开车。
kāichē.
나는 운전을 할 줄 알아.
부정 我不会开车。
나는 운전을 할 줄 몰라.

说汉语。
shuō Hànyǔ.
나는 중국어를 할 줄 알아.
부정 我不会说汉语。
나는 중국어를 할 줄 몰라.

做中国菜。
zuò Zhōngguó cài.
나는 중국 요리를 할 줄 알아.
부정 我不会做中国菜。
나는 중국 요리를 할 줄 몰라.

word

开车 kāichē 동 운전하다
做 zuò 동 하다
菜 cài 명 요리, 음식

2 부사 在

'在 zài'는 '~하고 있다'라는 의미로 보통 문장 끝에 '呢 ne'를 붙여 어떠한 동작을 진행하고 있음을 나타냅니다. 부정을 나타낼 때는 '在' 앞에 '没'를 씁니다.

写信呢。
xiě xìn ne.

나는 편지를 쓰고 있어.

부정 我没在写信。

나는 편지를 쓰고 있지 않아.

看电视呢。
kàn diànshì ne.

나는 텔레비전을 보고 있어.

부정 我没在看电视。

나는 텔레비전을 보고 있지 않아.

我
Wǒ

在
zài

玩儿手机呢。
wánr shǒujī ne.

나는 휴대 전화를 가지고 놀고 있어.

부정 我没在玩儿手机。

나는 휴대 전화를 가지고 놀고 있지 않아.

信 xìn 명 편지

玩儿 wánr 동 놀다

중국어 실력 다지 GO

 1 녹음을 듣고 빈칸을 채워 보세요.

①
你好!

我会 _____ 。
Wǒ huì _____ .

②

我在 _____ 。
Wǒ zài _____ .

2 다음 문장을 중국어로 써 보세요.

① 나는 중국 요리를 할 줄 몰라.

_____ 。

② 나는 편지를 쓰고 있어.

_____ 。

③ 언제부터 배우기 시작했니?

_____ ?

읽고

3 중국어 문장을 읽고 알맞은 한국어 문장에 연결하세요.

❶ 你会游泳吗? •　•Ⓐ 나는 텔레비전을 보고 있어.

❷ 我在看电视呢。 •　•Ⓑ 어디에서 배우는 중이니?

❸ 在哪儿学呢? •　•Ⓒ 너는 수영을 할 줄 아니?

말하고

4 다음 단어를 활용하여 말해 보세요.

开车 kāi chē

 你会 _____ 吗?
Nǐ huì _____ ma?

弹吉他 tán jítā

我会 _____ 。
Wǒ huì _____ .

11

你吃过中国菜吗?
Nǐ chīguo Zhōngguó cài ma?
너는 중국 요리를 먹어 본 적 있니?

학습 목표
- 경험에 대해 묻고 답할 수 있다.
- 음식 주문을 할 수 있다.

你吃过中国菜吗?
너는 중국 요리를
먹어 본 적 있니?

没吃过。
먹어 본 적 없어.

새 단어

상황 회화 1

· 过 guo ㉛ ~한 적 있다
· 请客 qǐngkè ⑧ 한턱내다,
　　　　　　　초대하다
· 下次 xiàcì ⑲ 다음번
· 请 qǐng ⑧ 초대하다, 청하다

상황 회화 2

· 服务员 fúwùyuán ⑲ 종업원, 웨이터
· 点 diǎn ⑧ 주문하다
· 来 lái ⑧ (어떤 동작을) 하다
· 麻婆豆腐 mápódòufu ⑲ 마포더우푸[음식명]
· 碗 wǎn ⑲ 그릇, 공기
· 米饭 mǐfàn ⑲ 쌀밥
· 还 hái ⑨ 더, 또
· 别的 bié de 다른 것
· 再 zài ⑨ 또, 재차
· 酸辣汤 suānlàtāng ⑲ 쏸라탕[음식명]
· 稍 shāo ⑨ 조금, 잠깐
· 等 děng ⑧ 기다리다

중국어 문장이 익숙해질 때까지 따라 읽어 보세요.

1단계 한국어	**2단계** 중국어
너는 중국 요리를 먹어 본 적 있니?	你吃过中国菜吗? Nǐ chīguo Zhōngguó cài ma?
먹어 본 적 없어.	没吃过。 Méi chīguo.
오늘 내가 한턱낼게!	今天我请客! Jīntiān wǒ qǐngkè!
다음에는 내가 살게!	下次我请你! Xiàcì wǒ qǐng nǐ!

더 알아보GO

• **동사 请**

'请 qǐng'은 여기에서처럼 '한턱내다'라는 뜻 외에도 '(식사나 파티에) 초대하다, (어떤 일을) 부탁하다, 청하다'라는 뜻으로도 쓰입니다.

我请你吃午饭! Wǒ qǐng nǐ chī wǔfàn! 내가 점심 살게!(한턱내다의 의미)

请你说一下! Qǐng nǐ shuō yíxià! 말씀해 주세요!(부탁의 의미)

午饭 wǔfàn 몡 점심밥 | 一下 yíxià 양 좀 ~해 보다

3단계 상황 회화1 　　장밍이 이수연에게 중국 요리를 먹어 본 적 있는지 묻습니다.

장밍 　你吃❶过中国菜吗?
　　　Nǐ chīguo Zhōngguó cài ma?

이수연 　没吃过。
　　　Méi chīguo.

장밍 　那我们去吃中国菜吧。
　　　Nà wǒmen qù chī Zhōngguó cài ba.

이수연 　中国菜好吃吗?
　　　Zhōngguó cài hǎochī ma?

장밍 　很好吃。今天我请客!
　　　Hěn hǎochī. Jīntiān wǒ qǐngkè!

이수연 　下次我请你!
　　　Xiàcì wǒ qǐng nǐ!

회화로 말문 트이 GO ❷

중국어 문장이 익숙해질 때까지 따라 읽어 보세요.

천천히 연습

Track 11-04

1단계 한국어	2단계 중국어
종업원(여기요), 주문할게요!	服务员，点菜！ Fúwùyuán, diǎn cài!
무슨 요리를 주문하시겠어요?	你们要点什么菜？ Nǐmen yào diǎn shénme cài?
마포더우푸 하나, 밥 두 공기 주세요.	来一个麻婆豆腐、两碗米饭。 Lái yí ge mápódòufu、liǎng wǎn mǐfàn.
더 필요하신 것 없으세요?	还要别的吗？ Hái yào bié de ma?

더 알아보GO

• 중국 요리

包子 bāozi
바오쯔

北京烤鸭 Běijīng kǎoyā
베이징 카오야

宫保鸡丁 gōngbǎojīdīng
궁바오지딩

Track 11-05

3단계 상황 회화2　이수연과 함께 중국 식당에 간 장밍이 음식을 주문합니다.

장밍　服务员, 点菜!
　　　Fúwùyuán, diǎn cài!

종업원　你们要点什么菜?
　　　Nǐmen yào diǎn shénme cài?

장밍　❷来一个麻婆豆腐、两碗米饭。
　　　Lái yí ge mápódòufu、liǎng wǎn mǐfàn.

종업원　还要别的吗?
　　　Hái yào bié de ma?

장밍　再来一个酸辣汤吧。
　　　Zài lái yí ge suānlàtāng ba.

종업원　好, 请稍等。
　　　Hǎo, qǐng shāo děng.

Track 11-06

1 동태조사 过

'过 guo'는 '~한 적이 있다'라는 의미로 과거의 경험을 나타냅니다. 일반적으로 '동사 + 过' 형식으로 쓰며 부정은 '没(有) + 동사 + 过' 형식으로 씁니다.

我去
Wǒ qù

过
guo

中国。
Zhōngguó.
나는 중국에 가 본 적 있어.
부정 我没去过中国。
나는 중국에 가 본 적 없어.

我看
Wǒ kàn

京剧。
jīngjù.
나는 경극을 본 적 있어.
부정 我没看过京剧。
나는 경극을 본 적 없어.

我用
Wǒ yòng

智能手机。
zhìnéng shǒujī.
나는 스마트폰을 써 본 적 있어.
부정 我没用过智能手机。
나는 스마트폰을 써 본 적 없어.

word

京剧 jīngjù 명 경극
用 yòng 동 사용하다
智能手机 zhìnéng shǒujī 명 스마트폰

 **2** 동사 来

'来 lái'는 '(어떤 동작을) 하다'라는 의미로 적극성을 나타내거나 음식을 주문할 때, 상품을 구매할 때도 쓰입니다. 이때는 '〜을(를) 가져다주다', '〜을(를) 주문하다'라는 의미를 나타냅니다.

一杯可乐。
yì bēi kělè.
콜라 한 잔 주세요.

来
Lái

两个面包。
liǎng ge miànbāo.
빵 두 개 주세요.

一只北京烤鸭。
Yì zhī Běijīng kǎoyā.
베이징 카오야 한 마리 주세요.

杯 bēi ⑲ 잔, 컵
可乐 kělè ⑲ 콜라
面包 miànbāo ⑲ 빵
只 zhī ⑳ 마리

Track 11-08

듣고 1 녹음을 듣고 빈칸을 채워 보세요.

①

我没＿＿＿＿＿＿＿＿。
Wǒ méi＿＿＿＿＿＿＿＿.

②

下次 ＿＿＿＿＿＿＿！
Xiàcì＿＿＿＿＿＿＿＿＿！

 2 다음 문장을 중국어로 써 보세요.

① 너는 중국 요리를 먹어 본 적 있니?

＿＿＿＿＿＿＿＿＿＿＿＿？

② 더 필요하신 것 없으세요?

＿＿＿＿＿＿＿＿＿＿＿＿？

③ 빵 두 개 주세요.

＿＿＿＿＿＿＿＿＿＿＿＿。

3 중국어 문장을 읽고 알맞은 한국어 문장에 연결하세요.

| ❶ | 中国菜好吃吗? | · | · | Ⓐ | 중국 요리는 맛있니? |

| ❷ | 我看过京剧。 | · | · | Ⓑ | 조금만 기다려 주세요. |

| ❸ | 请稍等。 | · | · | Ⓒ | 나는 경극을 본 적 있어. |

4 다음 단어를 활용하여 말해 보세요.

酸辣汤 suānlàtāng

你们要点什么菜?
Nǐmen yào diǎn shénme cài?

麻婆豆腐 mápódòufu

来一个 _____。
Lái yí ge _____.

12 你的手机号码是多少?

Nǐ de shǒujī hàomǎ shì duōshao?

네 휴대 전화 번호는 몇 번이니?

학습 목표
- 전화 관련 표현을 할 수 있다.
- 전화번호를 묻고 답할 수 있다.

새 단어

상황 회화 1

· 喂 wèi 〔감탄〕 여보세요
· 请问 qǐngwèn 〔동〕 실례합니다. 말씀 좀 묻겠습니다
· 张明 Zhāng Míng 〔고유〕 장밍[인명]
· 在 zài 〔동〕 ~에 있다
· 位 wèi 〔양〕 분[경어]
· 回来 huílái 〔동〕 돌아오다
· 左右 zuǒyòu 〔명〕 정도, 가량
· 到时候 dào shíhou 그때 가서
· 打 dǎ 〔동〕 (전화를) 걸다
· 电话 diànhuà 〔명〕 전화
· 转告 zhuǎngào 〔동〕 (말을) 전하다, 전달하다

상황 회화 2

· 号码 hàomǎ 〔명〕 번호
· 存 cún 〔동〕 저장하다
· 以后 yǐhòu 〔명〕 이후
· 常 cháng 〔부〕 자주, 항상
· 联系 liánxì 〔동〕 연락하다
· 问题 wèntí 〔명〕 문제

천천히 연습

Track 12-02

중국어 문장이 익숙해질 때까지 따라 읽어 보세요.

1단계 한국어	2단계 중국어
여보세요, 실례지만 장밍 집에 있나요?	喂, 请问, 张明在家吗? Wèi, qǐngwèn, Zhāng Míng zài jiā ma?
장밍은 없는데, 누구신가요?	他不在, 您哪位? Tā bú zài, nín nǎ wèi?
저녁 8시 정도예요.	晚上八点左右吧。 Wǎnshang bā diǎn zuǒyòu ba.
그러면 제가 그때 다시 전화하겠습니다.	那我到时候再打电话吧。 Nà wǒ dào shíhou zài dǎ diànhuà ba.

더 알아보GO

- **감탄사 喂**

'喂 wèi'는 '여보세요'라는 의미로 성조는 제4성이지만, 일반적으로 전화를 받을 때는 제2성 'wéi'로 발음합니다.

Track 12-03

3단계 상황 회화1 | 김동건이 장밍의 집에 전화를 겁니다.

김동건 · 喂，请问，张明❶在家吗?
Wèi, qǐngwèn, Zhāng Míng zài jiā ma?

장밍 엄마 · 他不在，您哪位?
Tā bú zài, nín nǎ wèi?

김동건 · 我叫金东建。他什么时候回来?
Wǒ jiào Jīn Dōngjiàn. Tā shénme shíhou huílái?

장밍 엄마 · 晚上八点左右吧。
Wǎnshang bā diǎn zuǒyòu ba.

김동건 · 那我到时候再打电话吧。
Nà wǒ dào shíhou zài dǎ diànhuà ba.

장밍 엄마 · 好的，我转告他。
Hǎo de, wǒ zhuǎngào tā.

중국어 문장이 익숙해질 때까지 따라 읽어 보세요.

천천히 연습
Track 12-04

1단계 한국어	2단계 중국어
네 휴대 전화 번호는 몇 번이니?	你的手机号码是多少? Nǐ de shǒujī hàomǎ shì duōshao?
136 – 7752 – 31890i.	136 – 7752 – 3189。 Yāo sān liù-qī qī wǔ èr-sān yāo bā jiǔ.
저장해.	你存一下吧。 Nǐ cún yíxià ba.
앞으로 자주 연락하자!	以后常联系! Yǐhòu cháng liánxì!

더 알아보GO

• **전화번호 읽는 법**

중국어로 전화번호를 읽을 때는 숫자를 하나 하나씩 읽으면 됩니다. 숫자 '1'은 'yī'가 아닌 'yāo'인 것에 주의해야 합니다.

 135–4689–5321。
Yāo sān wǔ-sì liù bā jiǔ-wǔ sān èr yāo.

보통 속도로 연습

3단계 상황 회화2 장밍과 왕란이 서로의 연락처를 주고 받습니다.

장밍
你的手机号码是多少？
Nǐ de shǒujī hàomǎ shì duōshao?

왕란
136-7752-3189。你存^❷一下吧。
Yāo sān liù-qī qī wǔ èr-sān yāo bā jiǔ. Nǐ cún yíxià ba.

장밍
好的, 我的你也存一下吧。
Hǎo de, wǒ de nǐ yě cún yíxià ba.

왕란
好, 你说吧, 是多少号？
Hǎo, nǐ shuō ba, shì duōshao hào?

장밍
133-7890-2135, 以后常联系！
Yāo sān sān-qī bā jiǔ líng-èr yāo sān wǔ, yǐhòu cháng liánxì!

왕란
没问题！
Méi wèntí!

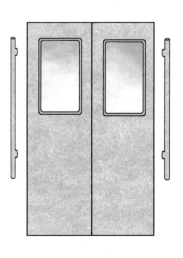

중국어 뼈대 잡 GO

Track 12-06

1 동사 在

'在 zài'가 동사로 쓰이면 '~에 있다', '~에 존재하다'라는 의미를 나타냅니다. 부정은 '不在 bú zài'로 '~에 없다', '~에 존재하지 않다'라는 의미를 나타냅니다.

公司。
gōngsī.
나는 회사에 있어.
부정 ▶ 我不在公司。
나는 회사에 있지 않아.

补习班。
bǔxíbān.
나는 학원에 있어.
부정 ▶ 我不在补习班。
나는 학원에 있지 않아.

我   在
Wǒ   zài

地铁站门口。
dìtiězhàn ménkǒu.
나는 지하철역 입구에 있어.
부정 ▶ 我不在地铁站门口。
나는 지하철역 입구에 있지 않아.

word

公司 gōngsī 명 회사
补习班 bǔxíbān 명 학원
地铁站 dìtiězhàn 명 지하철역
门口 ménkǒu 명 입구

2 양사 一下

'一下 yíxià'는 동사 뒤에 놓여 '(어떤 동작을) 좀 ~해 보다', 한번 ~해 보다'라는 의미를 나타냅니다.

我介绍
Wǒ jièshào
내가 소개 좀 할게.

这个菜你尝
Zhège cài nǐ cháng
이 음식 맛 좀 봐.

一下
yíxià

这道题你做
Zhè dào tí nǐ zuò
이 문제 좀 풀어 봐.

介绍 jièshào 동 소개하다
道 dào 양 문제를 세는 단위
题 tí 명 문제

중국어 실력 다지 GO

Track 12-08

듣고

1 녹음을 듣고 빈칸을 채워 보세요.

❶

晚上 ＿＿＿＿＿＿＿＿＿ 吧。
Wǎnshang ＿＿＿＿＿＿ ba.

❷

＿＿＿＿＿＿＿＿＿。你存一下吧。
＿＿＿＿＿＿＿＿＿.   Nǐ cún yíxià ba.

쓰고

2 다음 문장을 중국어로 써 보세요.

❶ 나는 학원에 있어.

。

❷ 그러면 제가 그때 다시 전화하겠습니다.

。

❸ 이 음식 맛 좀 봐.

。

읽고

3 중국어 문장을 읽고 알맞은 한국어 문장에 연결하세요.

❶ 我不在公司。 ·   · Ⓐ 내가 소개 좀 할게.

❷ 我介绍一下。 ·   · Ⓑ 나는 회사에 있지 않아.

❸ 以后常联系！ ·   · Ⓒ 앞으로 자주 연락하자!

말하고

4 다음 단어를 활용하여 말해 보세요.

김동건 13546895321

金东建 Jīn Dōngjiàn

_____ 的手机号码是多少？
_____ de shǒujī hàomǎ shì duōshao?

이수연 13378902135

李秀妍 Lǐ Xiùyán

_____。
_____.

13

邮局怎么走?

Yóujú zěnme zǒu?

우체국은 어떻게 가나요?

학습 목표
- 길을 묻고 답할 수 있다.
- 방향 표현을 할 수 있다.

새 단어

상황 회화 1

- 药房 yàofáng 명 약국
- 就 jiù 부 바로
- 后边 hòubian 명 뒤, 뒤쪽
- 哪个 nǎge 대 어느 (것)
- 楼 lóu 명 다층 건물
- 那边 nàbian 대 그쪽, 저쪽
- 那个 nàge 대 저것, 그것
- 大楼 dàlóu 명 빌딩, 고층 건물
- 就是 jiùshì 바로 ~이다

상황 회화 2

- 邮局 yóujú 명 우체국
- 走 zǒu 동 걷다
- 一直 yìzhí 부 곧장, 계속
- 往 wǎng 전 ~쪽으로, ~(을) 향해
- 前 qián 명 앞, 정면
- 到 dào 동 도착하다, 도달하다
- 十字路口 shízì lùkǒu 명 사거리
- 右 yòu 명 우측, 오른쪽
- 拐 guǎi 동 방향을 바꾸다
- 离 lí 전 ~에서, ~로 부터
- 远 yuǎn 형 멀다
- 不太 bú tài 그다지 ~하지 않다
- 分钟 fēnzhōng 분[시간의 길이를 나타냄]
- 能 néng 조동 ~할 수 있다
- 咖啡厅 kāfēitīng 명 커피숍, 카페
- 旁边 pángbiān 명 근처, 옆

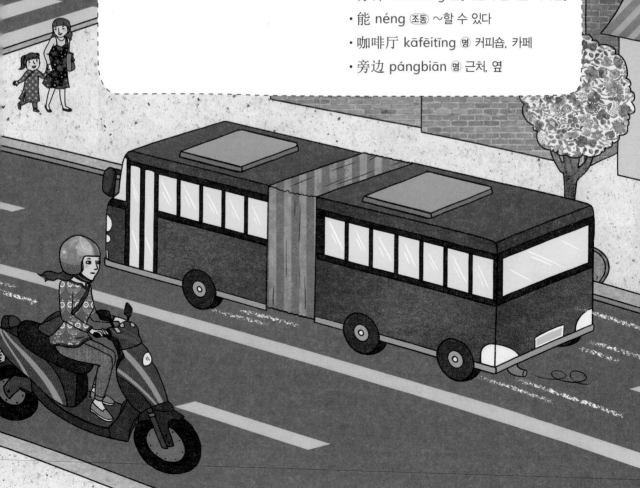

중국어 문장이 익숙해질 때까지 따라 읽어 보세요.

천천히 연습
Track 13-02

1 단계 한국어	2 단계 중국어
이 근처에 약국이 있나요?	**这儿附近有药房吗?** Zhèr fùjìn yǒu yàofáng ma?
바로 백화점 뒤쪽에 있어요.	**就在商场后边。** Jiù zài shāngchǎng hòubian.
어느 건물이 백화점인가요?	**哪个楼是商场?** Nǎge lóu shì shāngchǎng?
저쪽 저 빌딩이 바로 (찾으신) 그곳이에요.	**那边那个大楼就是。** Nàbian nàge dàlóu jiùshì.

• 방향을 나타내는 표현

위쪽	아래쪽	앞쪽	뒤쪽	왼쪽	오른쪽	옆쪽
上边 shàngbian	下边 xiàbian	前边 qiánbian	后边 hòubian	左边 zuǒbian	右边 yòubian	旁边 pángbiān

Track 13-03

3단계 상황 회화1 ｜ 김동건이 행인에게 주변에 약국이 있는지 묻습니다.

김동건
请问，这儿附近❶有药房吗?
Qǐngwèn, zhèr fùjìn yǒu yàofáng ma?

행인
有，就❶在商场后边。
Yǒu, jiù zài shāngchǎng hòubian.

김동건
哪个楼❶是商场?
Nǎge lóu shì shāngchǎng?

행인
你看! 那边那个大楼就是。
Nǐ kàn! Nàbian nàge dàlóu jiùshì.

김동건
谢谢您!
Xièxie nín!

행인
不客气!
Bú kèqi!

중국어 문장이 익숙해질 때까지 따라 읽어 보세요.

천천히 연습

Track 13-04

1단계 한국어	**2단계** 중국어
우체국은 어떻게 가나요?	邮局怎么走? Yóujú zěnme zǒu?
사거리에 도착해서 우회전하세요.	到十字路口往右拐。 Dào shízì lùkǒu wǎng yòu guǎi.
여기에서 멀어요, 안 멀어요?	离这儿远不远? Lí zhèr yuǎn bu yuǎn?
2분이면 도착할 수 있어요.	两分钟就能到。 Liǎng fēnzhōng jiù néng dào.

더 알아보GO

- **전치사 离**

'离 lí'는 '~에서', '~로 부터'라는 의미로 두 지점 사이의 거리를 나타낼 때 씁니다.

🅐 邮局离这儿远吗? Yóujú lí zhèr yuǎn ma? 우체국은 여기에서 멀어요?

🅑 不远, 很近。 Bù yuǎn, hěn jìn. 멀지 않아요, 가까워요.

近 jìn 형 가깝다

3단계 상황 회화2 　이수연이 행인에게 우체국 가는 길을 묻습니다.

이수연　请问，邮局怎么走？
　　　　Qǐngwèn, yóujú zěnme zǒu?

행인　一直❷往前走，到十字路口往右拐。
　　　Yìzhí wǎng qián zǒu, dào shízì lùkǒu wǎng yòu guǎi.

이수연　离这儿远不远？
　　　　Lí zhèr yuǎn bu yuǎn?

행인　不太远。两分钟就能到。
　　　Bú tài yuǎn. Liǎng fēnzhōng jiù néng dào.

이수연　是咖啡厅旁边的那个楼吗？
　　　　Shì kāfēitīng pángbiān de nàge lóu ma?

행인　对。
　　　Duì.

Track 13-06

1 존재문

존재문은 어떤 장소에 무엇이 존재하는지를 나타내는 문장으로 '有 yǒu', '是 shì', '在 zài'가 이에 해당합니다. '有'는 '~에 ~가 있다', '是'는 '~에 있는 것은 ~이다', '在'는 '~는 ~에 있다' 라는 의미를 나타냅니다.

我家附近
Wǒ jiā fùjìn

有
yǒu

一家医院。
yì jiā yīyuàn.
우리 집 근처에 병원이 있어.

Tip!
특정한 장소에 어떤 사람이나 사물이 존재함을 의미합니다.

我家旁边
Wǒ jiā pángbiān

是
shì

一家医院。
yì jiā yīyuàn.
우리 집 근처에 있는 것은 병원이야.

Tip!
특정한 장소에 무엇이 존재하고 있는지 확실하게 알고 있음을 의미합니다.

医院
Yīyuàn

在
zài

我家附近。
wǒ jiā fùjìn.
병원은 우리 집 근처에 있어.

Tip!
특정한 사람이나 사물이 어떤 장소에 존재함을 의미합니다.

word

家 jiā ⑱ 집·점포·공장 등을 세는 단위
医院 yīyuàn ⑲ 병원

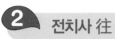

2 전치사 往

'往 wǎng'은 '～쪽으로', '～(을) 향해'라는 의미로 동작의 방향을 나타냅니다.

到书店
Dào shūdiàn

东走。
dōng zǒu.
서점에 도착해서 동쪽으로 가세요.

到星巴克
Dào Xīngbākè

往
wǎng

南走。
nán zǒu.
스타벅스에 도착해서 남쪽으로
가세요.

到红绿灯
Dào hónglǜdēng

左拐。
zuǒ guǎi.
신호등에 도착해서 좌회전하세요.

书店 shūdiàn 명 서점   东 dōng 명 동쪽
星巴克 Xīngbākè 고유 스타벅스   南 nán 명 남쪽
红绿灯 hónglǜdēng 명 신호등   左 zuǒ 명 좌측, 왼쪽

Track 13-08

1 녹음을 듣고 빈칸을 채워 보세요.

❶

有, 就在 ＿＿＿＿＿＿＿＿。

Yǒu, jiù zài ＿＿＿＿＿＿＿＿.

❷

到红绿灯 ＿＿＿＿＿＿＿。

Dào hónglùdēng ＿＿＿＿＿＿.

2 다음 문장을 중국어로 써 보세요.

❶ 어느 건물이 백화점인가요?

?

❷ 사거리에 도착해서 우회전하세요.

。

❸ 서점에 도착해서 동쪽으로 가세요.

。

읽고

3 중국어 문장을 읽고 알맞은 한국어 문장에 연결하세요.

① 离这儿远不远? • • **A** 2분이면 도착할 수 있어요.

② 两分钟就能到。 • • **B** 여기에서 멀어요, 안 멀어요?

③ 医院在我家附近。 • • **C** 병원은 우리 집 근처에 있어.

말하고

4 다음 단어를 활용하여 말해 보세요.

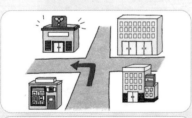

药房 yàofáng / 左拐 zuǒ guǎi

咖啡厅 kāfēitīng / 右拐 yòu guǎi

请问, _____ 怎么走?
Qǐngwèn, _____ zěnme zǒu?

往 _____ 。
Wǎng _____ .

14

预订机票了吗?
Yùdìng jīpiào le ma?

비행기 표를 예약했니?

학습 목표 · 선택 표현을 묻고 답할 수 있다.
· 계획을 묻고 답할 수 있다.

새 단어

상황 회화 1

- 坐 zuò 동 (교통 수단을) 타다
- 地铁 dìtiě 명 지하철
- 上学 shàngxué 동 등교하다
- 还是 háishi 접 아니면, 또는
- 公交车 gōngjiāochē 명 버스
- 先 xiān 명 먼저, 우선
- 然后 ránhòu 접 그다음에, 그런 후에
- 倒 dǎo 동 바꾸다, 전환하다
- 骑 qí 동 (자전거나 동물 등에) 타다
- 自行车 zìxíngchē 명 자전거
- 大概 dàgài 부 대략적인, 대강의
- 得 děi 조동 걸리다, 필요하다
- 差不多 chàbuduō 부 보통, 대체로
- 小时 xiǎoshí 명 시간

상황 회화 2

- 这次 zhè cì 이번, 금번
- 连休 liánxiū 명 연휴
- 周 zhōu 명 주, 주일
- 计划 jìhuà 명 계획
- 打算 dǎsuan 동 ~할 계획이다, ~할 생각이다
- 上海 Shànghǎi 고유 상하이[지명]
- 旅游 lǚyóu 동 여행하다
- 火车 huǒchē 명 기차
- 飞机 fēijī 명 비행기
- 预订 yùdìng 동 예약하다
- 机票 jīpiào 명 비행기 표
- 了 le 조 ~되다, ~했다
- 还 hái 부 아직
- 没有 méiyǒu 부 ~안 했다

천천히 연습

Track 14-02

중국어 문장이 익숙해질 때까지 따라 읽어 보세요.

1단계 한국어	**2**단계 중국어
너는 지하철을 타고 등교하니, 아니면 버스를 타고 등교하니?	你坐地铁上学还是坐公交车上学? Nǐ zuò dìtiě shàngxué háishi zuò gōngjiāochē shàngxué?
나는 먼저 버스를 타고, 그다음에 지하철로 갈아타.	我先坐公交车,然后倒地铁。 Wǒ xiān zuò gōngjiāochē, ránhòu dǎo dìtiě.
대략 시간이 얼마나 걸리니?	大概得多长时间? Dàgài děi duō cháng shíjiān?
30분 정도 걸려.	差不多半个小时。 Chàbuduō bàn ge xiǎoshí.

더 알아보GO

• 접속사 先……然后……

'先……然后…… xiān……ránhòu……'는 '먼저 ~하고, 그다음에 ~하다'라는 의미로 동작의 순서를 나타냅니다.

我们先吃饭,然后喝咖啡,怎么样? 우리 먼저 밥 먹고, 그 다음에 커피 마시는 게 어때?

Wǒmen xiān chī fàn, ránhòu hē kāfēi, zěnmeyàng?

Track 14-03

3단계 상황 회화1 | 왕란과 김동건이 등굣길 교통수단에 관해 이야기합니다.

왕란 你坐地铁上学❶还是坐公交车上学?
Nǐ zuò dìtiě shàngxué háishi zuò gōngjiāochē shàngxué?

김동건 我先坐公交车, 然后倒地铁, 你呢?
Wǒ xiān zuò gōngjiāochē, ránhòu dǎo dìtiě, nǐ ne?

왕란 我骑自行车上学。
Wǒ qí zìxíngchē shàngxué.

김동건 大概得多长时间?
Dàgài děi duō cháng shíjiān?

왕란 差不多半个小时。
Chàbuduō bàn ge xiǎoshí.

김동건 还可以, 不太远。
Hái kěyǐ, bú tài yuǎn.

회화로 말문 트이 GO ❷

중국어 문장이 익숙해질 때까지 따라 읽어 보세요.

천천히 연습

Track 14-04

1단계 한국어	**2**단계 중국어
이번 연휴에 너는 무슨 계획이 있니?	这次连休一周, 你有什么计划吗? Zhè cì liánxiū yī zhōu, nǐ yǒu shénme jìhuà ma?
나는 상하이로 여행 갈 계획이야.	我打算去上海旅游。 Wǒ dǎsuan qù Shànghǎi lǚyóu.
비행기 표를 예약했니?	预订机票了吗? Yùdìng jīpiào le ma?
아직 안 했어, 내일 예약할 거야.	还没有, 明天预订。 Hái méiyǒu, míngtiān yùdìng.

더 알아보GO

• 부사 没(有)

'没(有) méi(yǒu)'가 부사로 쓰일 때는 '~하지 않았다'라는 의미로 어떠한 경험이나 행위가 일어나지 않았음을 나타냅니다.

我没吃水果。 나는 과일을 안 먹었다.
Wǒ méi chī shuǐguǒ.

水果 shuǐguǒ 몡 과일

Track 14-05

3단계 상황 회화2 | 장밍과 이수연이 연휴 계획에 대해 이야기합니다.

장밍
这次连休一周, 你有什么计划吗?
Zhè cì liánxiū yī zhōu, nǐ yǒu shénme jìhuà ma?

이수연
我打算去上海旅游。
Wǒ dǎsuan qù Shànghǎi lǚyóu.

장밍
你坐火车去还是坐飞机去?
Nǐ zuò huǒchē qù háishi zuò fēijī qù?

이수연
我打算坐飞机去。
Wǒ dǎsuan zuò fēijī qù.

장밍
预订机票❷了吗?
Yùdìng jīpiào le ma?

이수연
还没有, 明天预订。
Hái méiyǒu, míngtiān yùdìng.

1 선택의문문 还是

'还是 háishi'는 접속사로 'A 아니면 B', 'A 또는 B'라는 의미로 A와 B 중 하나를 선택할 때 쓰는 표현입니다.

你喝雪碧
Nǐ hē xuěbì

喝可乐?
hē kělè?

너는 사이다를 마시니, 아니면 콜라를 마시니?

还是
háishi

你买衣服
Nǐ mǎi yīfu

买鞋子?
mǎi xiézi?

너는 옷을 사니, 아니면 신발을 사니?

你学习汉语
Nǐ xuéxí Hànyǔ

学习英语?
xuéxí Yīngyǔ?

너는 중국어를 공부하니,
아니면 영어를 공부하니?

雪碧 xuěbì 몡 사이다
鞋子 xiézi 몡 신발
英语 Yīngyǔ 몡 영어

Track 14-07

2 동태조사 了

동태조사 '了 le'는 '~했다'라는 의미로 '동사 + 了', '문장 + 了'의 형태로 쓰여 동작의 실현이나 완료를 나타냅니다. 부정할 때는 '了'를 생략한 후 '没(有) + 동사' 형식으로 나타내며 '~하지 않았다', '~하지 못했다'라는 의미를 나타냅니다.

我见
Wǒ jiàn

一个高中同学。
yí ge gāozhōng tóngxué.
나는 고등학교 동창 한 명을 만났어.

부정 ▶ 我没见高中同学。
나는 고등학교 동창을 만나지 않았어.

了
le

我喝
Wǒ hē

一杯牛奶。
yì bēi niúnǎi.
나는 우유 한 잔을 마셨어.

부정 ▶ 我没喝牛奶。
나는 우유를 마시지 않았어.

我买
Wǒ mǎi

一条裤子。
yì tiáo kùzi.
나는 바지 한 벌을 샀어.

부정 ▶ 我没买裤子。
나는 바지를 사지 않았어.

同学 tóngxué 명 동창, 학교 친구
牛奶 niúnǎi 명 우유

Tip! 목적어 앞에 수사와 양사가 있을 때는 '了'가 동사 뒤에 오고 목적어 앞에 수사와 양사가 없을 때는 '了'가 문장 끝에 옵니다.

14 비행기 표를 예약했니? | 161

중국어 실력 다지 GO

듣고

1 녹음을 듣고 빈칸을 채워 보세요.

①

> 我坐＿＿＿＿＿＿＿＿。
>
> Wǒ zuò ＿＿＿＿＿＿＿＿.

②

> 还没有, ＿＿＿＿＿＿＿＿。
>
> Hái méiyǒu, ＿＿＿＿＿＿＿＿.

쓰고

2 다음 문장을 중국어로 써 보세요.

① 너는 중국어를 공부하니, 아니면 영어를 공부하니?

?

② 나는 고등학교 동창 한 명을 만났어.

。

③ 나는 비행기를 타고 갈 계획이야.

。

3 중국어 문장을 읽고 알맞은 한국어 문장에 연결하세요.

① 大概得多长时间? •   • Ⓐ 나는 우유 한 잔을 마셨어.

② 我打算去上海旅游。 •   • Ⓑ 나는 상하이로 여행 갈 계획이야.

③ 我喝了一杯牛奶。 •   • Ⓒ 대략 시간이 얼마나 걸리니?

말하고

4 다음 단어를 활용하여 말해 보세요.

喝雪碧 hē xuěbì / 喝可乐 hē kělè

你_____还是_____?
Nǐ_____háishi_____?

买衣服 mǎi yīfu / 买鞋子 mǎi xiézi

我_____。
Wǒ_____.

14 비행기 표를 예약했니? | 163

15

您哪儿不舒服?

Nín nǎr bù shūfu?

어디가 불편하세요?

학습 목표 • 건강 상태를 묻고 답할 수 있다.
• 병원 접수 절차를 알 수 있다.

새 단어

상황 회화 1

- 生病 shēngbìng 동 병이 나다, 아프다
- 了 le 조 ~되었다
- 可能 kěnéng 부 아마도, 아마
- 感冒 gǎnmào 명 감기
- 快 kuài 형 빠르다
- 回 huí 동 돌아가다
- 好好儿 hǎohāor 형 잘
- 休息 xiūxi 동 쉬다, 휴식하다
- 帮 bāng 동 돕다
- 跟 gēn 전 ~와(과)
- 放心 fàngxīn 동 안심하다, 마음을 놓다
- 得 děi 조동 마땅히 ~해야 한다

상황 회화 2

- 舒服 shūfu 형 (몸이나 마음이) 편하다
- 头疼 tóuténg 동 머리가 아프다
- 有点儿 yǒudiǎnr 부 약간, 조금
- 发烧 fāshāo 동 열이 나다
- 体温 tǐwēn 명 체온
- 度 dù 양 도
- 低烧 dīshāo 명 미열
- 药 yào 명 약
- 就……了 jiù……le ~하면 ~될 것이다
- 没事 méishì 동 괜찮다
- 大夫 dàifu 명 의사

회화로 말문 트이 GO ❶

중국어 문장이 익숙해질 때까지 따라 읽어 보세요.

천천히 연습

Track 15-02

1 단계 한국어	**2** 단계 중국어
너 왜 그래?	你怎么了? Nǐ zěnme le?
병이 났니?	生病了吗? Shēngbìng le ma?
아마도 감기인 것 같아.	可能感冒了。 Kěnéng gǎnmào le.
빨리 집에 가서 푹 쉬어.	快回家好好儿休息吧。 Kuài huí jiā hǎohāor xiūxi ba.

더 알아보GO

• 부사 可能

'可能 kěnéng'은 '아마도', '아마'라는 의미로 추측을 나타내는 표현입니다.

可能没有时间。 아마도 시간이 없을 것 같아.
Kěnéng méiyǒu shíjiān.

3단계 상황 회화1　　김동건이 아픈 왕란을 걱정합니다.

김동건
你怎么了？生病❶了吗？
Nǐ zěnme le? Shēngbìng le ma?

왕란
没什么，可能感冒了。
Méi shénme, kěnéng gǎnmào le.

김동건
那快回家好好儿休息吧。
Nà kuài huí jiā hǎohāor xiūxi ba.

왕란
你帮我跟老师说一下，好吗？
Nǐ bāng wǒ gēn lǎoshī shuō yíxià, hǎo ma?

김동건
行，放心吧。
Xíng, fàngxīn ba.

왕란
我得先去医院，再见！
Wǒ děi xiān qù yīyuàn, zàijiàn!

천천히 연습
Track 15-04

중국어 문장이 익숙해질 때까지 따라 읽어 보세요.

1단계 한국어	2단계 중국어
어디가 불편하세요?	您哪儿不舒服? Nín nǎr bù shūfu?
머리가 아프고, 약간 열이 나요.	我头疼, 有点儿发烧。 Wǒ tóuténg, yǒudiǎnr fāshāo.
체온은 몇 도인가요?	体温多少度? Tǐwēn duōshao dù?
약 좀 먹으면 괜찮아질 거예요.	吃点儿药就没事了。 Chī diǎnr yào jiù méishì le.

더 알아보GO

- 병의 다양한 증상

流鼻涕 liú bítì
콧물을 흘리다

咳嗽 késou
기침하다

肚子疼 dùzi téng
배가 아프다

3단계 | 상황 회화2 | 왕란이가 병원에서 진찰을 받고 있습니다.

의사　**您哪儿不舒服?**
　　　Nín nǎr bù shūfu?

왕란　**我头疼, 有点儿发烧。**
　　　Wǒ tóuténg, yǒudiǎnr fāshāo.

의사　**我看看。**
　　　Wǒ kànkan.

왕란　**体温多少度?**
　　　Tǐwēn duōshao dù?

의사　**三十八度, 低烧, 吃点儿药❷就没事了。**
　　　Sānshíbā dù, dīshāo, chī diǎnr yào jiù méishì le.

왕란　**好, 谢谢大夫。**
　　　Hǎo, xièxie dàifu.

상황 회화 한국어 해석 P229

Track 15-06

1 어기조사 了

어기조사 '了 le'는 '~하게 되었다'라는 의미로 '문장 + 了'의 형식으로 쓰이며 상황이나 상태의 변화를 나타냅니다. 부정할 때는 了를 생략한 후 '没(有)'나 '不是'를 씁니다.

我有钱
Wǒ yǒu qián
나는 돈이 생겼어.
부정 ▶ 我没(有)钱。
나는 돈이 없어.

我胖
Wǒ pàng
나는 살이 쪘어.
부정 ▶ 我没(有)胖。
나는 살이 안 쪘어.

了
le

我是大学生
Wǒ shì dàxuéshēng
나는 대학생이 되었어.
부정 ▶ 我不是大学生。
나는 대학생이 아니야.

word

胖 pàng 형 살찌다, (몸이) 뚱뚱하다
大学生 dàxuéshēng 명 대학생

2 就……了 용법

'就……了 jiù……le'는 '~하면 ~될 것이다'라는 의미로 한 가지 동작을 완료한 후 어떤 결과가 뒤따를 때 쓰는 표현입니다.

你去
Nǐ qù

知道
zhīdao

너는 가면 알게 될 거야.

喝(一)点儿水
Hē (yì)diǎnr shuǐ

就
jiù

好
hǎo

物 좀 마시면 나아질 거야.

了
le

。

过几天
Guò jǐ tiān

暖和
nuǎnhuo

며칠 지나면 따뜻해질 거야.

知道 zhīdao 동 알다, 이해하다
天 tiān 명 날, 일(日)

过 guò 동 (시점을) 지나다
暖和 nuǎnhuo 형 따뜻하다

Track 15-08

듣고

1 녹음을 듣고 빈칸을 채워 보세요.

① 没什么, _____ 。
Méi shénme, _____ .

② 我 _____ 。
Wǒ _____ .

쓰고

2 다음 문장을 중국어로 써 보세요.

① 나는 살이 쪘어.

。

② 빨리 집에 가서 푹 쉬어.

。

③ 약 좀 먹으면 괜찮아질 거예요.

。

3 중국어 문장을 읽고 알맞은 한국어 문장에 연결하세요.

① 我是大学生了。 ·

· **Ⓐ** 체온은 몇 도인가요?

② 喝(一)点儿水就好了。 ·

· **Ⓑ** 물 좀 마시면 나아질 거야.

③ 体温多少度? ·

· **Ⓒ** 나는 대학생이 되었어.

4 다음 단어를 활용하여 말해 보세요.

头疼 tóuténg

你怎么了？
Nǐ zěnme le?

肚子疼 dùzi téng

我 ＿＿＿＿＿＿＿。
Wǒ ＿＿＿＿＿＿＿.

16

今天天气怎么样?
Jīntiān tiānqì zěnmeyàng?

오늘 날씨 어때?

학습 목표
- 날씨를 묻고 답할 수 있다.
- 비교 표현을 할 수 있다.

새 단어

Track 16-01

상황 회화 1

- 天气 tiānqì 몡 날씨
- 阴天 yīntiān 몡 흐린 날씨
- 比 bǐ 쩬 ~보다
- 天气预报 tiānqì yùbào 일기 예보
- 怕 pà 동 두려워하다
- 出门 chūmén 동 외출하다, 집을 나서다
- 多 duō 형 (수량이) 많다
- 穿 chuān 동 (옷·신발·양말 등을) 입다, 신다

상황 회화 2

- 家里 jiāli 몡 집안
- 这么 zhème 때 이렇게, 이러한
- 啊 a 조 문장 끝에 쓰여 강조를 나타냄
  ā 감탄 (감탄을 나타내어) 와! 아!
- 地热 dìrè 몡 난방
- 开 kāi 동 켜다, 틀다
- 着 zhe 조 ~한 채로 있다
- 一会儿 yíhuìr 수 잠시, 잠깐 동안
- 外面 wàimiàn 몡 밖, 바깥
- 下 xià 동 (눈이나 비가) 내리다
- 雪 xuě 몡 눈
- 怪不得 guàibude 부 어쩐지
- 只 zhǐ 부 단지, 다만
- 咱们 zánmen 때 우리(들)
- 出去 chūqù 동 나가다

今天天气怎么样?
오늘 날씨 어때?

天气预报说, 今天比昨天冷。
일기 예보에 의하면, 오늘이 어제보다 춥대.

중국어 문장이 익숙해질 때까지 따라 읽어 보세요.

천천히 연습
Track 16-02

1단계 한국어	2단계 중국어
오늘 날씨 어때?	今天天气怎么样? Jīntiān tiānqì zěnmeyàng?
조금 흐려.	有点儿阴天。 Yǒudiǎnr yīntiān.
일기 예보에 의하면, 오늘이 어제보다 춥대.	天气预报说, 今天比昨天冷。 Tiānqì yùbào shuō, jīntiān bǐ zuótiān lěng.
너 외출할 때 옷 많이 입어.	你出门多穿(一)点儿衣服吧。 Nǐ chūmén duō chuān (yì)diǎnr yīfu ba.

더 알아보GO

• 날씨 관련 단어

微尘 wēichén
미세 먼지

刮风 guā fēng
바람이 불다

下雨 xià yǔ
비가 내리다

3단계 상황 회화1　　왕란이 김동건에게 날씨에 대해 묻습니다.

왕란
今天天气怎么样?
Jīntiān tiānqì zěnmeyàng?

김동건
有点儿阴天。
Yǒudiǎnr yīntiān.

왕란
那今天❶比昨天冷吗?
Nà jīntiān bǐ zuótiān lěng ma?

김동건
天气预报说, 今天比昨天冷。
Tiānqì yùbào shuō, jīntiān bǐ zuótiān lěng.

왕란
我很怕冷。
Wǒ hěn pà lěng.

김동건
你出门多穿(一)点儿衣服吧。
Nǐ chūmén duō chuān (yì)diǎnr yīfu ba.

회화로 말문 트이 GO ❷

중국어 문장이 익숙해질 때까지 따라 읽어 보세요.

천천히 연습

Track 16-04

1 단계 한국어	2 단계 중국어
집이 왜 이렇게 추워?	家里怎么这么冷啊? Jiāli zěnme zhème lěng a?
(난방) 틀었어. 조금 있으면 곧 따뜻해질 거야.	开着呢, 一会儿就热了。 Kāizhe ne, yíhuìr jiù rè le.
어쩐지 오늘 이렇게 춥다 했어.	怪不得今天这么冷。 Guàibude jīntiān zhème lěng.
일기 예보에서 오늘 눈이 온다는 얘기 없었는데.	天气预报没说今天下雪啊。 Tiānqì yùbào méi shuō jīntiān xià xuě a.

 더 알아보GO

• 부사 怪不得

'怪不得 guàibude'는 '어쩐지'라는 의미로 어떠한 상황에 대한 원인과 이유를 알게 되어 더 이상 의아해하지 않음을 나타낼 때 쓰는 표현입니다.

今天气温36度, 怪不得这么热。 오늘 기온이 36도야. 어쩐지 이렇게 덥다 했어.
Jīntiān qìwēn sānshíliù dù, guàibude zhème rè.

气温 qìwēn 명 기온

Track 16-05

3단계 상황 회화2 장밍과 이수연이 내리는 눈을 보며 이야기합니다.

장밍
家里怎么这么冷啊？ 地热开了吗？
Jiāli zěnme zhème lěng a? Dìrè kāi le ma?

이수연
开❷着呢，一会儿就热了。
Kāizhe ne, yíhuìr jiù rè le.

장밍
啊，外面下雪了。怪不得今天这么冷。
Ā, wàimiàn xià xuě le. Guàibude jīntiān zhème lěng.

이수연
天气预报没说今天下雪啊。
Tiānqì yùbào méi shuō jīntiān xià xuě a.

장밍
是啊，只说今天比昨天冷。
Shì a, zhǐ shuō jīntiān bǐ zuótiān lěng.

이수연
我喜欢下雪，咱们出去玩儿雪吧。
Wǒ xǐhuan xià xuě, zánmen chūqù wánr xuě ba.

Track 16-06

1 비교문 比

'比 bǐ'는 'A는 B보다 ~하다'라는 의미로 'A + 比 + B + 형용사'의 형식으로 쓰입니다. 비교의 정도를 나타낼 때는 형용사 앞에 '더'라는 의미를 나타내는 '更 gèng'이나 '还 hái'를 씁니다.

我
Wǒ

他矮。
tā ǎi.
나는 그보다 키가 작아.

这个
Zhège

比
bǐ

那个更好。
nàge gèng hǎo.
이것이 그것보다 더 좋아.

今天
Jīntiān

昨天还热。
zuótiān hái rè.
오늘이 어제보다 더 더워.

word

矮 ǎi (형) 작다
更 gèng (부) 더, 더욱

Tip!
비교문 '比' 문장에는 '매우', '대단히'를 의미하는 '很 hěn'
이나 '非常 fēicháng' 등의 정도부사를 쓸 수 없습니다.
今天比昨天很热。(X)

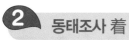 **동태조사 着**

'着 zhe'는 '~한 채로 있다'라는 의미로 동작이나 상태가 지속되고 있음을 나타냅니다. 지속함을 부정할 때는 동사 앞에 '没(有)'를 씁니다.

电视开
Diànshì kāi

텔레비전이 켜져 있어.

부정 ▶ 电视没开着。
텔레비전이 켜져 있지 않아.

银行门关
Yínháng mén guān

은행 문이 닫혀 있어.

부정 ▶ 银行门没关着。
은행 문이 닫혀 있지 않아.

着
zhe

房间里的灯还亮
Fángjiān li de dēng hái liàng

방 안의 불이 아직 켜져 있어.

부정 ▶ 房间里的灯没亮着。
방 안의 불이 켜져 있지 않아.

关 guān 동 닫다

房间 fángjiān 명 방

灯 dēng 명 등, 램프

亮 liàng 형 밝다

1 녹음을 듣고 빈칸을 채워 보세요.

Track 16-08

① 天气预报说, _____ 。
Tiānqì yùbào shuō, _____ .

② 我喜欢下雪, _____ 。
Wǒ xǐhuan xià xuě, _____ .

2 다음 문장을 중국어로 써 보세요.

① 너 외출할 때 옷 많이 입어.

_____ 。

② 나는 그보다 키가 작아.

_____ 。

③ 집이 왜 이렇게 추워?

_____ ?

3 중국어 문장을 읽고 알맞은 한국어 문장에 연결하세요.

① 怪不得今天这么冷。 •

② 银行门关着。 •

③ 电视没开着。 •

• **A** 텔레비전이 켜져 있지 않아.

• **B** 어쩐지 오늘 이렇게 춥다 했어.

• **C** 은행 문이 닫혀 있어.

4 다음 단어를 활용하여 말해 보세요.

阴天 yīntiān

今天天气怎么样?
Jīntiān tiānqì zěnmeyàng?

下雪 xià xuě

天气预报说, 今天 _____。
Tiānqì yùbào shuō, jīntiān _____.

17

我在减肥呢。
Wǒ zài jiǎnféi ne.

나는 다이어트 중이야.

학습 목표 • 동작의 진행을 표현할 수 있다.
• 사람의 외모를 묘사할 수 있다.

Track 17-01

새 단어

상황 회화 1
- 少 shǎo 형 적다
- 以后 yǐhòu 명 이후, 금후
- 胖 pàng 형 살찌다, (몸이) 뚱뚱하다
- 公斤 gōngjīn 양 킬로그램(kg) [무게의 단위]
- 所以 suǒyǐ 접 그래서
- 在 zài 부 ~하는 중이다
- 减肥 jiǎnféi 동 다이어트하다, 살을 빼다
- 呢 ne 조 문장의 끝에서 동작의 지속을 나타냄

상황 회화 2
- 身高 shēngāo 명 키
- 米 mǐ 양 미터(m) [길이의 단위]
- 体重 tǐzhòng 명 몸무게, 체중
- 斤 jīn 양 근(500g) [무게의 단위]
- 皮肤 pífū 명 피부
- 白 bái 형 하얗다, 희다
- 眼睛 yǎnjing 명 눈
- 既…… 又…… jì…… yòu…… ~하기도 하고 ~하기도 하다
- 可爱 kě'ài 형 귀엽다
- 但 dàn 접 그러나
- 觉得 juéde 동 ~라고 느끼다, ~라고 생각하다
- 自己 zìjǐ 대 스스로, 자기

천천히 연습
Track 17-02

중국어 문장이 익숙해질 때까지 따라 읽어 보세요.

1단계 한국어	**2단계** 중국어
오늘 너무 적게 먹는다.	今天吃得太少了。 Jīntiān chī de tài shǎo le.
중국에 온 이후에 나는 5kg이나 쪘어.	来中国以后我胖了五公斤。 Lái Zhōngguó yǐhòu wǒ pàngle wǔ gōngjīn.
나는 다이어트 중이야.	我在减肥呢。 Wǒ zài jiǎnféi ne.
너는 지금 조금도 뚱뚱하지 않아.	你现在一点儿也不胖。 Nǐ xiànzài yìdiǎnr yě bú pàng.

더 알아보GO

• 정도보어 得

정도 보어는 술어(동사/형용사) 뒤에 쓰여 술어의 상태와 결과를 보충 설명합니다. 이때 술어와 보어를 得가 연결해 줍니다.

他吃得很多。 그는 밥을 많이 먹는다.(밥을 먹는 정도가 많다.)
Tā chī de hěn duō.

她说得很流利。 그녀는 말을 유창하게 한다.(말을 하는 정도가 유창하다.)
Tā shuō de hěn liúlì.

보통 속도로 연습

Track 17-03

3단계 상황 회화1   양양이 김나영에게 식사를 조금하는 이유를 묻습니다.

양양
你怎么了?
Nǐ zěnme le?

今天吃得太少了。
Jīntiān chī de tài shǎo le.

김나영
没什么。
Méi shénme.

来中国以后我胖了五公斤。
Lái Zhōngguó yǐhòu wǒ pàngle wǔ gōngjīn.

所以我❶在减肥呢。
Suǒyǐ wǒ zài jiǎnféi ne.

양양
你现在一点儿也不胖。不用减肥。
Nǐ xiànzài yìdiǎnr yě bú pàng. Búyòng jiǎnféi.

상황 회화 한국어 해석 P230

17 나는 다이어트 중이야. | **187**

Track 17-04

천천히 연습

중국어 문장이 익숙해질 때까지 따라 읽어 보세요.

1단계 한국어

2단계 중국어

김나영의 키는 162cm이고,
몸무게는 54kg이야.

金娜英身高一米六二,
体重一百零八斤。
Jīn Nàyīng shēngāo yì mǐ liù èr,
tǐzhòng yìbǎi líng bā jīn.

그녀의 피부는 새하얗고,
눈은 무척 커.

她的皮肤白白的, 眼睛大大的。
Tā de pífū báibái de, yǎnjing dàdà de.

그녀는 귀여우면서도 예뻐.

她既可爱又漂亮。
Tā jì kě'ài yòu piàoliang.

그녀는 요즘 자신이
조금 뚱뚱하다고 느껴.

最近她觉得自己有点儿胖。
Zuìjìn tā juéde zìjǐ yǒudiǎnr pàng.

더 알아보GO

- **키 묻고 답하기**

Ⓐ 你多高? Nǐ duō gāo? 키가 어떻게 되니?

Ⓑ 一米七五。 Yì mǐ qī wǔ. 175cm예요.

Tip! cm의 십 단위와 일 단위는 하나하나 읽습니다.

- **몸무게 묻고 답하기**

Ⓐ 你多重? Nǐ duō zhòng? 몸무게가 어떻게 되니?

Ⓑ 一百四十斤。 Yìbǎi sìshí jīn. 70kg이에요.

Tip! 중국은 'kg(公斤 gōngjīn)'이 아닌 '근(斤 jīn)'을
몸무게 단위로 씁니다.

3단계 상황 회화2 양양이 김나영의 외모를 묘사합니다.

양양

金娜英身高一米六二，体重一百零八斤。
Jīn Nàyīng shēngāo yì mǐ liù èr, tǐzhòng yìbǎi líng bā jīn.

她的皮肤白白的，眼睛大大的。
Tā de pífū báibái de, yǎnjing dàdà de.

她❷既可爱又漂亮。
Tā jì kě'ài yòu piàoliang.

但最近她觉得自己有点儿胖，所以吃得很少。
Dàn zuìjìn tā juéde zìjǐ yǒudiǎnr pàng, suǒyǐ chī de hěn shǎo.

Track 17-06

1 진행형 在

'在 zài'는 '~하는 중이다'라는 뜻으로 동사 앞에 쓰여 동작의 진행을 나타내며, 주로 '주어 +
在 zài + 동사 + 목적어 + 呢 ne'의 형식으로 표현합니다. 이때, '在' 대신에 '正在'나 '正'으로
바꿔 쓸 수 있으며, '在'를 생략하고 문장 끝에 '呢'만 붙여도 진행을 나타낼 수 있습니다.

做什么?
zuò shénme?
그는 무엇을 하고 있니?

他
Tā

在
zài

听音乐(呢)。
tīng yīnyuè(ne).
그는 음악을 듣는 중이야.

看电视。
kàn diànshì.
그는 TV를 보고 있는 중이야.

音乐 yīnyuè 명 음악
电视 diànshì 명 TV, 텔레비전

 2 既……又……

'既……又…… jì…… yòu……'는 '~하기도 하고 ~하기도 하다'라는 뜻으로 하나의 주어가 두 가지 동작이나 상황, 상태가 동시에 존재함을 나타냅니다.

我家
Wǒ jiā

干净
gānjìng

舒服。
shūfu.
우리 집은 깨끗하기도 하고 편안하기도 해.

这些东西
Zhèxiē dōngxi

既
jì

便宜
piányi

又
yòu

实用。
shíyòng.
이러한 물건들은 저렴하기도 하고 실용적이기도 해.

这个西瓜
Zhè ge xīguā

大
dà

好吃。
hǎochī.
이 수박은 크기도 하고 맛있기도 해.

干净 gānjìng 형 깨끗하다
舒服 shūfu 형 (몸·마음이) 편안하다
这些 zhèxiē 대 이러한, 이런 것들
实用 shíyòng 형 실용적이다

Track 17-08

듣고

1 녹음을 듣고 빈칸을 채워 보세요.

①

来中国以后 _____ 。

Lái Zhōngguó yǐhòu _____ .

②

她的皮肤 _____ 的。

Tā de pífū _____ de.

쓰고

2 다음 문장을 중국어로 써 보세요.

① 오늘 너무 적게 먹는다.

。

② 나는 다이어트 중이야.

。

③ 그녀는 귀여우면서도 예뻐.

。

3 중국어 문장을 읽고 알맞은 한국어 문장에 연결하세요.

1 你现在一点儿也不胖。 ·

· **A** 그녀는 요즘 자신이 조금 뚱뚱하다고 느껴.

2 这个西瓜既大又好吃。 ·

· **B** 이 수박은 크기도 하고 맛있기도 해.

3 最近她觉得自己 有点儿胖。 ·

· **C** 너는 지금 조금도 뚱뚱하지 않아.

4 다음 단어를 활용하여 말해 보세요.

听 tīng / 听音乐 tīng yīnyuè

你在 _____ 什么?
Nǐ zài _____ shénme?

看 kàn / 看电视 kàn diànshì

我在 _____。
Wǒ zài _____.

18

我要一张二等座。
Wǒ yào yì zhāng èrděng zuò.
이등석 자리 한 장 주세요.

학습 목표
- 의미의 전환을 표현할 수 있다.
- 여행과 관련된 다양한 표현을 말할 수 있다.

새 단어

상황 회화 1

- 选择 xuǎnzé 동 선택하다
- 种 zhǒng 양 종류 [방법, 의견, 종류 등을 세는 단위]
- 方法 fāngfǎ 명 방법, 수단
- 跟团旅游 gēntuán lǚyóu 명 패키지 여행
- 另 lìng 대 다른, 그 밖의
- 自助游 zìzhùyóu 명 자유여행
- 方便 fāngbiàn 형 편리하다
- 行程 xíngchéng 명 여정, 스케줄
- 安排 ānpái 동 (인원·시간 등을) 안배하다, 배치하다
- 假期 jiàqī 명 휴가 기간
- 决定 juédìng 동 결정하다

상황 회화 2

- 动车 dòngchē 명 뚱처
  [평균 시속 200~300km]
- 卖 mài 동 팔다, 판매하다
- 光 guāng 형 아무 것도 없이 텅 비다
- 只 zhǐ 부 단지
- 高铁 gāotiě 명 까오티에
  [평균 시속 300km 이상]
- 什么样 shénmeyàng 대 어떠한, 어떤 모양
- 座位 zuòwèi 명 좌석
- 张 zhāng 양 장[종이, 좌석 등을 세는 단위]
- 二等 èrděng 명 이등, 두 번째 등급
- 座 zuò 명 좌석, 자리
- 一等 yīděng 명 일등, 맨 윗 등급, 첫째 등급

중국어 문장이 익숙해질 때까지 따라 읽어 보세요.

회화로 말문 트이GO ❶

천천히 연습
Track 18-02

1단계 한국어	**2단계** 중국어
첫 번째 방법은 패키지여행이고, 다른 하나는 자유여행이에요.	第一种是跟团旅游， 另一种是自助游。 Dì yī zhǒng shì gēntuán lǚyóu, lìng yī zhǒng shì zìzhùyóu.
패키지여행이 편하긴 편하지만, 일정이 너무 피곤하게 짜여 있어요.	跟团旅游方便是方便， 但是行程安排得太累。 Gēntuán lǚyóu fāngbiàn shì fāngbiàn, dànshì xíngchéng ānpái de tài lèi.
게다가 혼자 놀 시간도 너무 적어요.	而且自己玩儿的时间太少了。 Érqiě zìjǐ wánr de shíjiān tài shǎo le.
저는 이번 연휴 기간에 자유여행을 가기로 결정했어요.	我这次假期决定去自助游。 Wǒ zhè cì jiàqī juédìng qù zìzhùyóu.

 **더 알아보GO**

• ……的时候(……de shíhou)
'……的时候(……de shíhou)'는 '～할 때'라는 뜻으로 '(주어) + 동사 + (목적어) + 的时候'의 형식으로 쓰이며 술어 앞에서 주로 부사어 역할을 합니다.

中国人看电影的时候喜欢吃瓜子。 중국인은 영화를 볼 때 과쯔 먹는 것을 좋아해요.
Zhōngguórén kàn diànyǐng de shíhou xǐhuan chī guāzǐ.

3단계 상황 회화1 　　양양이 쓴 여행에 관한 글이 학생 신문에 실렸습니다.

양양

去旅游的时候，我们可以选择两种方法。
Qù lǚyóu de shíhou, wǒmen kěyǐ xuǎnzé liǎng zhǒng fāngfǎ.

第一种是跟团旅游，另一种是自助游。
Dì yī zhǒng shì gēntuán lǚyóu, lìng yī zhǒng shì zìzhùyóu.

我更喜欢自助游。
Wǒ gèng xǐhuan zìzhùyóu.

跟团旅游方便❶是方便，但是行程安排得太累。
Gēntuán lǚyóu fāngbiàn shì fāngbiàn, dànshì xíngchéng ānpái de tài lèi.

而且自己玩儿的时间太少了。
Érqiě zìjǐ wánr de shíjiān tài shǎo le.

所以我这次假期决定去自助游。
Suǒyǐ wǒ zhè cì jiàqī juédìng qù zìzhùyóu.

상황 회화 한국어 해석 P230

회화로 말문 트이 GO ❷

중국어 문장이 익숙해질 때까지 따라 읽어 보세요.

천천히 연습

Track 18-04

1단계 한국어	2단계 중국어
9시 뚱처는 다 팔렸고, 까오티에만 있어요.	九点动车卖光了，只有高铁。 Jiǔ diǎn dòngchē màiguāng le, zhǐ yǒu gāotiě.
어떤 좌석을 원하세요?	您要什么样的座位？ Nín yào shénmeyàng de zuòwèi?
이등석 자리 한 장 주세요.	我要一张二等座。 Wǒ yào yì zhāng èrděng zuò.
저희는 일등석만 있어요.	我们只有一等座。 Wǒmen zhǐ yǒu yīděng zuò.

 더 알아보GO

• **중국의 고속열차**

중국의 고속열차는 '动车 dòngchē'와 '高铁 gāotiě'가 있습니다. '动车'는 평균 시속이 200km~300km인 열차로, '动 dòng'의 한어병음 첫 글자를 따서 열차 번호가 D로 시작하고, '高铁'는 평균 시속이 300km 이상인 열차로 '高 gāo'의 한어병음 첫 글자를 따서 열차 번호가 G로 시작합니다. 매년 고속열차의 시속이 갱신되면서 현재 베이징에서 상하이까지 네 시간 반이면 도착할 수 있습니다.

3단계 상황 회화2　양양이 매표소에서 상하이행 기차표를 사려고 합니다.

양양　请问，九点去上海的动车票还有吗？
Qǐngwèn, jiǔ diǎn qù Shànghǎi de dòngchē piào hái yǒu ma?

매표원　九点动车卖❷光了，只有高铁。
Jiǔ diǎn dòngchē màiguāng le, zhǐ yǒu gāotiě.

양양　那给我高铁。
Nà gěi wǒ gāotiě.

매표원　您要什么样的座位？
Nín yào shénmeyàng de zuòwèi?

양양　我要一张二等座。
Wǒ yào yì zhāng èrděng zuò.

매표원　对不起，我们只有一等座。
Duìbuqǐ, wǒmen zhǐ yǒu yīděng zuò.

양양　那好吧，给我一等座。
Nà hǎo ba, gěi wǒ yīděng zuò.

상황 회화 한국어 해석 P230

18 이등석 자리 한 장 주세요.　｜199

Track 18-06

1 A是A, 但是······

'A是A, 但是······ A shì A, dànshì······'는 '～하긴 ～한데, 그런데'라는 뜻으로 인정 혹은 동의는 하지만 뒤에 반전을 나타내는 '但是 dànshì'와 함께 쓰여 전환 관계를 나타냅니다.

会 huì		会, huì,		唱得不好。 chàng de bù hǎo. 할 줄 알긴 아는데, 잘 못 불러.
好看 hǎnkàn	是 shì	好看, hǎnkàn,	但是 dànshì	太贵了。 tài guì le. 예쁘긴 예쁜데, 너무 비싸.
有 yǒu		有, yǒu,		质量不好。 zhìliàng bù hǎo. 있기는 있는데, 품질이 안 좋아.

质量 zhìliàng 몡 품질

2 자주 쓰는 결과보어

결과보어는 동사 뒤에 쓰여 동작의 변화나 결과를 나타내며, 동사와 결과보어 사이에는 어떤 문장 성분도 넣을 수 없습니다.

결과보어	의미	예문
好 hǎo	동작이 만족스럽게 완성되다	饭都做好了。 Fàn dōu zuòhǎo le. 밥이 다 되었어.
完 wán	완료되다	这本书看完了。 Zhè běn shū kànwán le. 이 책은 다 봤어.
到 dào	이루어내다	护照终于找到了。 Hùzhào zhōngyú zhǎodào le. 여권을 결국 찾았어.
光 guāng	조금도 남지 않다	这个月的零花钱都花光了。 Zhège yuè de línghuāqián dōu huāguāng le. 이번 달 용돈을 다 썼어.

终于 zhōngyú ⊕ 결국, 마침내
零花钱 línghuāqián ⑲ 용돈
花 huā ⑧ 쓰다, 소비하다

Track 18-08

듣고

1 녹음을 듣고 빈칸을 채워 보세요.

①

我更喜欢 _____ 。

Wǒ gèng xǐhuan _____ .

②

但是 _____ 。

dànshì _____ .

쓰고

2 다음 문장을 중국어로 써 보세요.

① 첫 번째 방법은 패키지여행이고, 다른 하나는 자유여행이에요.

_____ 。

② 혼자 놀 시간도 너무 적어요.

_____ 。

③ 저는 이번 연휴 기간에 자유여행을 가기로 결정했어요.

_____ 。

3 중국어 문장을 읽고 알맞은 한국어 문장에 연결하세요.

❶ 九点去上海的动车票
还有吗?

Ⓐ 저희는 일등석만 있어요.

❷ 好看是好看,
但是太贵了。

Ⓑ 9시에 상하이로 가는
뚱처 표가 아직 있나요?

❸ 我们只有一等座。

Ⓒ 예쁘긴 예쁜데, 너무 비싸.

4 다음 단어를 활용하여 말해 보세요.

一张一等座
yī zhāng yīděng zuò

您要什么样的座位?
Nín yào shénmeyàng de zuòwèi?

两张二等座
liǎng zhāng èrděng zuò

我要 _____ 。
Wǒ yào _____.

19

我又开心又难过。
Wǒ yòu kāixīn yòu nánguò.
나는 신나기도 하고 슬프기도 해.

학습 목표
- 다양한 상태를 표현할 수 있다.
- 가정을 표현할 수 있다.

새 단어

상황 회화 1

- 心情 xīnqíng 명 마음, 기분
- 又…… 又…… yòu…… yòu……
  ~하기도 하고 또 ~하다
- 开心 kāixīn 형 기쁘다, 즐겁다
- 难过 nánguò 형 슬프다, 괴롭다
- 后 hòu 명 뒤, 후
- 信心 xìnxīn 명 자신, 믿음
- 相信 xiāngxìn 동 믿다, 신뢰하다
- 肯定 kěndìng 부 확실히, 틀림없이

상황 회화 2

- 招聘 zhāopìn 동 모집하다, 채용하다
- 限 xiàn 동 제한하다, 규정하다
- 大专 dàzhuān 명 전문대학
- 以上 yǐshàng 명 이상, 상기
- 学历 xuélì 명 학력
- 亲合力 qīnhélì 명 친화력
- 强 qiáng 형 좋다, 우월하다
- 熟练 shúliàn 형 능숙하다, 숙련되어 있다
- 办公 bàngōng 동 업무를 처리하다, 근무하다
- 要求 yāoqiú 동 요구하다
- 经验者 jīngyànzhě 명 경력자
- 优先 yōuxiān 동 우선하다
- 如果 rúguǒ 접 만약, 만일
- 的话 dehuà 조 ~하다면, ~이면
- 尽管 jǐnguǎn 부 얼마든지, 주저하지 않고

중국어 문장이 익숙해질 때까지 따라 읽어 보세요.

천천히 연습
Track 19-02

1 단계 한국어	2 단계 중국어
내일이면 곧 졸업이야.	明天就要毕业了。 Míngtiān jiù yào bìyè le.
나는 신나기도 하고 슬프기도 해.	我又开心又难过。 Wǒ yòu kāixīn yòu nánguò.
졸업 후에 너는 무슨 계획이 있니?	毕业后你有什么打算? Bìyè hòu nǐ yǒu shénme dǎsuan?
나는 직장을 구하려고 해, 그런데 아직 자신이 없어.	我要找工作,但还是没有信心。 Wǒ yào zhǎo gōngzuò, dàn háishi méiyǒu xìnxīn.

더 알아보GO

• 다양한 감정 표현

幸福 xìngfú 행복하다　　　　羨慕 xiànmù 부러워하다　　　　伤心 shāngxīn 상심하다

可惜 kěxī 아쉽다　　　　　　讨厌 tǎoyàn 싫어하다　　　　　恐怖 kǒngbù 무섭다

보통 속도로 연습

3단계 상황 회화1 　김나영과 왕란이 양양의 졸업을 미리 축하합니다.

양양　明天就要毕业了。
　　　Míngtiān jiù yào bìyè le.

김나영　你现在心情怎么样?
　　　Nǐ xiànzài xīnqíng zěnmeyàng?

양양　我❶又开心又难过。
　　　Wǒ yòu kāixīn yòu nánguò.

왕란　毕业后你有什么打算?
　　　Bìyè hòu nǐ yǒu shénme dǎsuan?

양양　我要找工作, 但还是没有信心。
　　　Wǒ yào zhǎo gōngzuò, dàn háishi méiyǒu xìnxīn.

김나영　别担心。我相信你肯定没问题。加油!
　　　Bié dānxīn. Wǒ xiāngxìn nǐ kěndìng méi wèntí. Jiāyóu!

중국어 문장이 익숙해질 때까지 따라 읽어 보세요.

1단계 한국어	2단계 중국어
남녀 불문, 건강한 신체.	男女不限，身体健康。 Nánnǚ bú xiàn, shēntǐ jiànkāng.
친화력이 좋고, 오피스 소프트웨어를 능숙하게 사용.	亲合力强，熟练使用办公软件。 Qīnhélì qiáng, shúliàn shǐyòng bàngōng ruǎnjiàn.
업무에 성실하게 책임을 다할 것을 요구합니다.	要求对工作认真负责。 Yāoqiú duì gōngzuò rènzhēn fùzé.
업무 경력자 우선합니다.	有工作经验者优先。 Yǒu gōngzuò jīngyànzhě yōuxiān.

• 尽管 jǐnguǎn

'尽管 jǐnguǎn'은 '얼마든지, 주저하지 않고'라는 뜻으로 주로 동사 앞에 쓰여 조건이 없음을 나타냅니다.

尽管说吧。Jǐnguǎn shuō ba. 얼마든지 말해.

这些东西尽管用。Zhèxiē dōngxi jǐnguǎn yòng. 이 물건들은 얼마든지 쓰세요.

3단계 상황 회화2   교내 게시판에 구인 광고가 게시되었습니다.

招聘 Zhāopìn

男女不限，身体健康。
Nánnǚ bú xiàn, shēntǐ jiànkāng.

大专以上学历。
Dàzhuān yǐshàng xuélì.

亲合力强，熟练使用办公软件。
Qīnhélì qiáng, shúliàn shǐyòng bàngōng ruǎnjiàn.

要求对工作认真负责。
Yāoqiú duì gōngzuò rènzhēn fùzé.

有工作经验者优先。
Yǒu gōngzuò jīngyànzhě yōuxiān.

❷如果有问题的话，就请尽管给我们打电话。
Rúguǒ yǒu wèntí dehuà, jiù qǐng jǐnguǎn gěi wǒmen dǎ diànhuà.

Track 19-06

1 又……又……

'又……又…… yòu…… yòu……'는 '~하고 또 ~하다'라는 뜻으로, 하나의 주어에 두 가지 동작이나 상황, 상태가 동시에 존재함을 나타낼 때 사용합니다. '又' 뒤에는 형용사 혹은 '동사 + 목적어'가 올 수 있습니다.

他
Tā

聪明
cōngmíng

帅。
shuài.
그는 똑똑하고 잘생겼어.

今天
Jīntiān

又
yòu

刮风
guā fēng

又
yòu

下雨。
xià yǔ.
오늘은 바람도 불고 비도 와.

这件衣服
zhè jiàn yīfu

漂亮
piàoliang

便宜
piányi
이 옷은 예쁘고 (가격도) 싸.

刮风 guā fēng 동 바람이 불다

 2 如果……，……就……

'如果……，……就…… rúguǒ……，……jiù……'는 '만약 ~라면, ~하다'라는 뜻으로 첫 번째 절은 가정을 나타내고, 두 번째 절은 결과나 결론을 나타냅니다.

你想去，你
nǐ xiǎng qù, nǐ

去吧。
qù ba.
만약 네가 가고 싶으면,
가도록 해.

如果
Rúguǒ

你不同意，我
nǐ bù tóngyì, wǒ

就
jiù

不参加。
bù cānjiā.
만약 네가 동의하지 않으면,
나는 참가하지 않을게.

你不想吃，你
nǐ bù xiǎng chī, nǐ

不用吃。
bú yòng chī
만약 네가 먹고 싶지 않으면,
먹지 않아도 돼.

word

不用 bú yòng ~할 필요 없다

중국어 실력 다지 GO

Track 19-08

듣고

1 녹음을 듣고 빈칸을 채워 보세요.

①
```
但 _____ 。
dàn _____ .
```

②
```
有工作 _____ 。
Yǒu gōngzuò _____ .
```

쓰고

2 다음 문장을 중국어로 써 보세요.

① 내일이면 곧 졸업이야.

```
                                                                    。
```

② 나는 신나기도 하고 슬프기도 해.

```
                                                                    。
```

③ 업무에 성실하게 책임을 다할 것을 요구합니다.

```
                                                                    。
```

읽고

3 중국어 문장을 읽고 알맞은 한국어 문장에 연결하세요.

❶ 毕业后你有什么打算? •

❷ 我要找工作, 但还是没有信心。 •

❸ 你想去，你就去吧。 •

Ⓐ 나는 직장을 구하려고 해, 그런데 아직 자신이 없어.

Ⓑ 졸업 후에 너는 무슨 계획이 있니?

Ⓒ 만약 네가 가고 싶으면, 가도록 해.

말하고

4 다음 단어를 활용하여 말해 보세요.

高兴 gāoxìng / 激动 jīdòng

你现在心情怎么样?
Nǐ xiànzài xīnqíng zěnmeyàng?

害怕 hàipà / 难过 nánguò

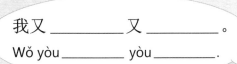

我又 _____ 又 _____ 。
Wǒ yòu _____ yòu _____.

20 我终于找到工作了!

Wǒ zhōngyú zhǎodào gōngzuò le!

나 드디어 일자리를 구했어!

학습 목표
• 피동문을 표현할 수 있다.
• 시간의 지속을 표현할 수 있다.

새 단어

상황 회화 1

- 刚才 gāngcái 몡 방금
- 网 wǎng 몡 그물, 인터넷
- 面试 miànshì 동 면접시험을 보다
- 结果 jiéguǒ 몡 결과
- 终于 zhōngyú 뷔 마침내, 결국
- 恭喜 gōngxǐ 동 축하하다
- 投 tóu 동 집어넣다, 들여보내다
- 简历 jiǎnlì 몡 이력서
- 被 bèi 캐 ~에게 ~을(를) 당하다
- 聘用 pìnyòng 동 초빙하여 직무를 맡기다
- 了不起 liǎobuqǐ 혱 대단하다, 놀랄 만하다

상황 회화 2

- 主要 zhǔyào 혱 주로, 대부분
- 市场 shìchǎng 몡 시장
- 加班 jiābān 동 야근을 하다,
  초과근무를 하다
- 经常 jīngcháng 뷔 항상, 자주
- 工作量 gōngzuòliàng 몡 작업량, 근무량
- 越来越…… yuè lái yuè……
  점점 ~해 진다
- 连 lián 캐 ~조차도

중국어 문장이 익숙해질 때까지 따라 읽어 보세요.

천천히 연습
Track 20-02

1단계 한국어	2단계 중국어
방금 인터넷에서 면접 결과를 확인했어.	刚才我在网上看到了面试结果。 Gāngcái wǒ zài wǎng shàng kàndàole miànshì jiéguǒ.
나 드디어 일자리를 구했어!	我终于找到工作了! Wǒ zhōngyú zhǎodào gōngzuò le!
이력서를 많이 넣었는데, 드디어 채용됐어.	我投了很多简历,终于被聘用了。 Wǒ tóule hěn duō jiǎnlì, zhōngyú bèi pìnyòng le.
정말 대단해!	你真了不起! Nǐ zhēn liǎobuqǐ!

• 취업 관련 용어

工资 gōngzī 월급

面试官 miànshìguān 면접관

社团活动 shètuán huódòng 동아리 활동

福利 fúlì 복지

专业 zhuānyè 전공

实习生 shíxíshēng 실습생, 인턴

3단계 상황 회화1 　양양이 회사에서 최종 합격 통보를 받았습니다.

Track 20-03

양양　刚才我在网上看到了面试结果。
Gāngcái wǒ zài wǎng shàng kàndàole miànshì jiéguǒ.

我终于找到 工作了!
Wǒ zhōngyú zhǎodào gōngzuò le!

김나영　是吗? 恭喜你啊!
Shì ma? Gōngxǐ nǐ a!

양양　我投了很多简历, 终于❶被聘用了。
Wǒ tóule hěn duō jiǎnlì, zhōngyú bèi pìnyòng le.

장밍　你真了不起!
Nǐ zhēn liǎobuqǐ!

김나영　我们出去庆祝一下!
Wǒmen chūqù qìngzhù yíxià!

상황 회화 한국어 해석 P231
20 나 드디어 일자리를 구했어!　| 217

회화로 말문 트이 GO ❷

중국어 문장이 익숙해질 때까지 따라 읽어 보세요.

천천히 연습
Track 20-04

1단계 한국어	**2단계** 중국어
너는 어떤 일을 담당하니?	你负责什么工作? Nǐ fùzé shénme gōngzuò?
나는 주로 한국 시장을 담당해.	我主要负责韩国市场。 Wǒ zhǔyào fùzé Hánguó shìchǎng.
어제도 두 시간 야근했어.	昨天也加了两个小时班。 Zuótiān yě jiāle liǎng ge xiǎoshí bān.
요즘 업무량이 갈수록 많아지고 있거든.	最近工作量越来越大了。 Zuìjìn gōngzuòliàng yuè lái yuè dà le.

더 알아보GO

● **회사 업무 관련 용어**

出差 chūchāi 출장 가다

休假 xiūjià 휴가를 보내다

炒鱿鱼 chǎo yóuyú 해고하다

开会 kāihuì 회의를 하다

提升 tíshēng 승진하다

升级考试 shēngjí kǎoshì 승진 시험

3단계 상황 회화2　　김동건이 신입사원이 된 양양을 만났습니다.

김동건
你负责什么工作?
Nǐ fùzé shénme gōngzuò?

양양
我主要负责韩国市场。
Wǒ zhǔyào fùzé Hánguó shìchǎng.

김동건
工作很累吧?
Gōngzuò hěn lèi ba?

양양
昨天也加了❷两个小时班。
Zuótiān yě jiāle liǎng ge xiǎoshí bān.

김동건
你经常加班吗?
Nǐ jīngcháng jiābān ma?

양양
是的。最近工作量越来越大了。
Shì de. Zuìjìn gōngzuòliàng yuè lái yuè dà le.

连吃饭的时间也没有。
Lián chī fàn de shíjiān yě méiyǒu.

상황 회화 한국어 해석 P231

20 나 드디어 일자리를 구했어! | 219

Track 20-06

1 피동문 被

'被 bèi'는 '〜에게 〜을(를) 당하다'라는 뜻으로 피동의 의미를 나타낸다. 술어 뒤에는 동작의 결과를 나타내는 '了 le', '过 guo'와 같은 기타성분이 옵니다.

自行车
Zìxíngchē

被 (偷偷)了。
bèi (xiǎotōu) tōu le.
자전거는 (도둑에 의해) 도둑맞았어요.

花瓶
Huāpíng

被
bèi

(哥哥)打碎了。
(gēge) dǎsuì le.
꽃병이 (형/오빠에 의해) 깨졌어요.

哥哥
Gēge

妈妈说了一顿。
māma shuō le yí dùn.
형/오빠는 엄마에게 한바탕 혼났어요.

碎 suì (동) 부서지다
顿 dùn (양) 차례, 번

 **2** 시량보어

시량보어는 '~동안 ~하다'라는 뜻으로 동사 뒤에서 시간의 양을 나타내는 표현을 사용해 동작
이나 상태가 지속하는 시간을 나타냅니다.

我看了
Wǒ kàn le

电视。
diànshì.
나는 텔레비전을 한 시간 동안 봤어.

一个小时
yí ge xiǎoshí

我听了
Wǒ tīng le

音乐。
yīnyuè.
나는 음악을 한 시간 동안 들었어.

我做了
Wǒ zuò le

作业。
zuòyè
나는 숙제를 한 시간 동안 했어.

word

作业 zuòyè 명 숙제

Track 20-08

듣고

1 녹음을 듣고 빈칸을 채워 보세요.

①

我终于 ＿＿＿＿＿＿＿＿＿ !
Wǒ zhōngyú ＿＿＿＿＿＿＿ !

②

昨天也 ＿＿＿＿＿＿＿＿ 。
Zuótiān yě ＿＿＿＿＿＿＿ 。

 쓰고

2 다음 문장을 중국어로 써 보세요.

① 정말 대단해!

＿＿＿＿＿＿＿＿＿＿＿＿＿＿＿＿ !

② 우리 축하하러 가자!

＿＿＿＿＿＿＿＿＿＿＿＿＿＿＿＿ !

③ 너는 어떤 일을 담당하니?

＿＿＿＿＿＿＿＿＿＿＿＿＿＿＿＿ 。

3 중국어 문장을 읽고 알맞은 한국어 문장에 연결하세요.

❶ 我在网上看到了面试结果。 ·

❷ 我听了一个小时音乐。 ·

❸ 我主要负责韩国市场。 ·

· Ⓐ 나는 주로 한국 시장을 담당해.

· Ⓑ 나는 음악을 한 시간 동안 들었어.

· Ⓒ 인터넷에서 면접 결과를 확인했어.

4 다음 단어를 활용하여 말해 보세요.

钱包 qiánbāo / 偷了 tōu le.

花瓶 huāpíng / 打碎了 dǎsuì le

 你怎么了？
Nǐ zěnme le?

_____ 被 _____ 。
_____ bèi _____.

부록

상황 회화 해석

Check! 01 안녕!

• 상황 회화1

김동건	안녕!
왕란	안녕!
김동건	잘 가!
왕란	내일 만나!

• 상황 회화2

장밍	고마워!
이수연	천만에!
장밍	미안해!
이수연	괜찮아!

Check! 02 너는 잘 지내니?

• 상황 회화1

장밍	너는 잘 지내니?
이수연	나는 잘 지내. 너는?
장밍	나도 잘 지내. 고마워!

• 상황 회화2

김동건	너는 요즘 어떻게 지내니?
장밍	그냥 그래.
김동건	너 공부는 바쁘니?
장밍	나 공부는 바빠.

Check! 03 너는 무엇을 사니?

• 상황 회화1

장밍	너는 무엇을 사니?
이수연	나는 책을 사.
장밍	너는 무슨 책을 사니?
이수연	나는 중국어 책을 사.

• 상황 회화2

왕란	너는 영화를 보니?
이수연	아니, 나는 드라마를 봐.
왕란	너는 무슨 드라마를 보니?
이수연	나는 중국 드라마를 봐.

Check! 04 너는 이름이 뭐니?

• 상황 회화1

장 선생님	안녕! 너는 이름이 뭐니?
김동건	선생님 안녕하세요! 저는 김동건이라고 합니다.
장 선생님	만나서 반갑구나. 너는 유학생이니?
김동건	네, 저는 유학생이에요.

• 상황 회화2

장 선생님	너는 어느 나라 사람이니?
김동건	저는 한국인이에요.
장 선생님	너희도 한국인이니?
학생1	아니요, 우리는 일본인이에요.

Check! 05 그녀는 누구니?

• 상황 회화1

왕란	그녀는 누구니?
김동건	그녀는 내 친구야.
왕란	그녀는 너의 여자 친구니?
김동건	아니, 그녀는 보통 친구야.

• 상황 회화2

장밍	이것은 너의 휴대 전화니?
이수연	맞아, 이것은 나의 휴대 전화야.
장밍	저것은 너의 책이니?
이수연	아니, 저것은 내 친구 거야.

Check! 06 너는 어디에 가니?

• 상황 회화1

김동건	너는 어디에 가니?
왕란	나는 도서관에 가. 너는 가니, 안 가니?
김동건	나도 가.
왕란	그러면 우리 같이 가자.

• 상황 회화2

이수연	너는 보통 어디에서 밥을 먹니?
장밍	나는 자주 학생 식당에서 먹어.
이수연	밥과 반찬은 어때?
장밍	맛있어.

Check! 07 너의 집은 식구가 몇이니?

• 상황 회화1

김동건	너의 집은 식구가 몇이니?
왕란	우리 집은 네 식구가 있어.
김동건	모두 누구누구 있니?
왕란	아빠, 엄마, 남동생 그리고 나야.

• 상황 회화2

이수연	너는 형제자매가 있니?
장밍	나는 여동생이 한 명 있어.
이수연	그녀는 올해 몇 살이니?
장밍	그녀는 올해 열두 살이야.

Check! 08 지금 몇 시니?

• 상황 회화1

김동건	오늘은 몇 월 며칠이니?
왕란	오늘은 8월 5일이야.
김동건	오늘은 무슨 요일이니?
왕란	오늘은 수요일이야.

김동건	네 생일은 몇 월 며칠이니?
왕란	다음 달 30일이야.

• 상황 회화2

장밍	지금 몇 시니?
이수연	12시 5분 전이야.
장밍	너 몇 시에 수업이니?
이수연	1시 15분에 수업이야.
장밍	너 몇 시에 수업이 끝나니?
이수연	2시 반에 수업이 끝나.

Check! 09 사과는 어떻게 팔아요?

• 상황 회화1

김동건	사과는 어떻게 팔아요?
판매원	한 근에 5위안이에요.
김동건	바나나는 한 근에 얼마예요?
판매원	한 근에 3.5위안이에요.
김동건	사과 두 근과 바나나 한 근, 모두 얼마예요?
판매원	모두 13.5위안이에요.

• 상황 회화2

판매원	안녕하세요. 무엇을 사시겠습니까?
장밍	저는 바지 한 벌을 사려고 해요.
판매원	이거 한번 보세요. 85위안밖에 안 해요.
장밍	85위안이요? 너무 비싸요. 조금 깎아 주세요.
판매원	좋아요, 80위안으로 할게요.
장밍	좋아요.

상황 회화 해석 | **227**

Check! 10 너는 기타를 칠 줄 아니?

• 상황 회화1

왕란	너는 기타를 칠 줄 아니?
김동건	조금 칠 줄 알아.
왕란	언제부터 배우기 시작했니?
김동건	고등학교 때 배우기 시작했어.
왕란	기타 치는 것 재미있니?
김동건	정말 재미있어.

• 상황 회화2

장밍	너는 수영을 할 줄 아니?
이수연	나는 할 줄 몰라. 너는?
장밍	나도 못해. 나는 배우고 있어.
이수연	어디에서 배우는 중이니?
장밍	학교 근처의 헬스장에서 하는 중이야.
이수연	그래? 그러면 나도 배울래.

Check! 11 너는 중국 요리를 먹어 본 적 있니?

• 상황 회화1

장밍	너는 중국 요리를 먹어 본 적 있니?
이수연	먹어 본 적 없어.
장밍	그러면 우리 중국 요리 먹으러 가자.
이수연	중국 요리는 맛있니?
장밍	맛있어. 오늘 내가 한턱낼게!
이수연	다음에는 내가 살게!

• 상황 회화2

장밍	종업원(여기요), 주문할게요!
종업원	무슨 요리를 주문하시겠어요?
장밍	마포더우푸 하나, 밥 두 공기 주세요.
종업원	더 필요하신 것 없으세요?
장밍	쏸라탕 하나 더 주세요.
종업원	알겠습니다. 조금만 기다려 주세요.

Check! 12 네 휴대 전화 번호는 몇 번이니?

• 상황 회화1

김동건	여보세요, 실례지만 장밍 집에 있나요?
장밍 엄마	장밍은 없는데, 누구신가요?
김동건	저는 김동건이라고 합니다. 장밍이는 언제 돌아오나요?
장밍 엄마	저녁 8시 정도예요.
김동건	그러면 제가 그때 다시 전화하겠습니다.
장밍 엄마	그래요, 내가 장밍에게 전달할게요.

• 상황 회화2

장밍	네 휴대 전화 번호는 몇 번이니?
왕란	136-7752-31890야. 저장해.
장밍	그래. 너도 내 것 저장해.
왕란	좋아. 말해 봐, 몇 번이니?
장밍	133-7890-21350야. 앞으로 자주 연락하자!
왕란	물론이야!

Check! 13 우체국은 어떻게 가나요?

• 상황 회화1

김동건	실례합니다, 이 근처에 약국이 있나요?
행인	있어요, 바로 백화점 뒤쪽에 있어요.
김동건	어느 건물이 백화점인가요?
행인	보세요! 저쪽 저 빌딩이 바로 (찾으신) 그곳이에요.
김동건	감사합니다!
행인	천만에요!

• 상황 회화2

이수연	실례합니다, 우체국은 어떻게 가나요?
행인	앞으로 곧장 가다가 사거리에 도착해서 우회전하세요.

이수연	여기에서 멀어요, 안 멀어요?
행인	별로 멀지 않아요. 2분이면 도착할 수 있어요.
이수연	커피숍 옆에 있는 저 건물인가요?
행인	맞아요.

Check! 14 비행기 표를 예약했니?

• 상황 회화1

왕란	너는 지하철을 타고 등교하니, 아니면 버스를 타고 등교하니?
김동건	나는 먼저 버스를 타고, 그다음에 지하철로 갈아타. 너는?
왕란	나는 자전거를 타고 등교해.
김동건	대략 시간이 얼마나 걸리니?
왕란	30분 정도 걸려.
김동건	괜찮네, 별로 멀지 않구나.

• 상황 회화2

장밍	이번 연휴에 너는 무슨 계획이 있니?
이수연	나는 상하이로 여행 갈 계획이야.
장밍	너는 기차를 타고 가니, 아니면 비행기를 타고 가니?
이수연	나는 비행기를 타고 갈 계획이야.
장밍	비행기 표를 예약했니?
이수연	아직 안 했어, 내일 예약할 거야.

Check! 15 어디가 불편하세요?

• 상황 회화1

김동건	너 왜 그래? 병이 났니?
왕란	별것 아니야. 아마도 감기인 것 같아.
김동건	그러면 빨리 집에 가서 푹 쉬어.
왕란	네가 나 대신 선생님께 말씀 좀 드려 줄래?

김동건	그래, 걱정하지 마.
왕란	나는 우선 병원에 갈게. 안녕!

• 상황 회화2

의사	어디가 불편하세요?
왕란	머리가 아프고, 약간 열이 나요.
의사	제가 한번 볼게요.
왕란	체온은 몇 도인가요?
의사	38도고 미열이 있어요. 약 좀 먹으면 괜찮아질 거예요.
왕란	네, 감사합니다. 의사 선생님.

Check! 16 오늘 날씨 어때?

• 상황 회화1

왕란	오늘 날씨 어때?
김동건	조금 흐려.
왕란	그러면 오늘이 어제보다 추워?
김동건	일기 예보에 의하면, 오늘이 어제보다 춥대.
왕란	나 추위 많이 타는데.
김동건	너 외출할 때 옷 많이 입어.

• 상황 회화2

장밍	집이 왜 이렇게 추워? 난방 틀었니?
이수연	(난방) 틀었어. 조금 있으면 곧 따뜻해질 거야.
장밍	아, 밖에 눈이 내려. 어쩐지 오늘 이렇게 춥다 했어.
이수연	일기 예보에서 오늘 눈이 온다는 얘기 없었는데.
장밍	맞아, 오늘이 어제보다 춥다고만 했어.
이수연	나는 눈 내리는 거 좋아해, 우리 나가서 눈 놀이 하자.

Check! 17   나는 다이어트 중이야.

• 상황 회화1

양양   너 왜 그래?
             오늘 너무 적게 먹는다.

김나영   별것 아니야.
             중국에 온 이후에 나는 5kg이나 쪘어.
             그래서 나는 다이어트 중이야.

양양   너는 지금 조금도 뚱뚱하지 않아.
             다이어트 할 필요가 없어.

• 상황 회화2

양양   김나영의 키는 162cm이고, 몸무게는
             54kg이야.
             그녀의 피부는 새하얗고, 눈은 무척
             커.
             그녀는 귀여우면서도 예뻐.
             그러나 그녀는 요즘 자신이 조금 뚱
             뚱하다고 느껴서, 적게 먹어.

Check! 18   이등석 자리 한 장 주세요.

• 상황 회화1

양양   여행을 갈 때, 우리는 두 가지 방법을
             선택할 수 있어요.
             첫 번째 방법은 패키지여행이고, 다른
             하나는 자유여행이에요.
             저는 자유여행을 더 좋아해요.
             패키지여행이 편하긴 편하지만, 일정
             이 너무 피곤하게 짜여 있어요.
             게다가 혼자 놀 시간도 너무 적어요.
             그래서 저는 이번 연휴 기간에 자유
             여행을 가기로 결정했어요.

• 상황 회화2

양양   실례합니다만, 9시에 상하이로 가는
             뚱처 표가 아직 있나요?

매표원   9시 뚱처는 다 팔렸고, 까오티에만
             있어요.

양양   그럼 까오티에로 주세요.

매표원   어떤 좌석을 원하세요?

양양   이등석 자리 한 장 주세요.

매표원   죄송합니다만, 저희는 일등석만
             있어요.

양양   그럼 좋습니다, 일등석으로 주세요.

Check! 19   나는 신나기도 하고 슬프기도 해.

• 상황 회화1

양양   내일이면 곧 졸업이야.

김나영   너 지금 기분이 어때?

양양   나는 신나기도 하고 슬프기도 해.

김나영   졸업 후에 너는 무슨 계획이 있니?

양양   나는 직장을 구하려고 해, 그런데
             아직 자신이 없어.

김나영   걱정하지 마. 나는 네가 틀림없이 문
             제없을 거라고 믿어. 파이팅!

• 상황 회화2

모집합니다
남녀 불문, 건강한 신체.
전문대학 이상의 학력.
친화력이 좋고, 오피스 소프트웨어를 능숙하게
사용.
업무에 성실하게 책임을 다할 것을 요구합니다.
업무 경력자 우선합니다.
만약 궁금한 것이 있으면, 주저하지 말고 저희에
게 전화를 해주시기 바랍니다.

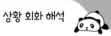

Check! 20　나 드디어 일자리를 구했어!

• 상황 회화1

양양	방금 인터넷에서 면접 결과를 확인했어. 나 드디어 일자리를 구했어!
김나영	그래? 축하해!
양양	이력서를 많이 넣었는데, 드디어 채용됐어.
장밍	정말 대단해!
김나영	우리 축하하러 가자!

• 상황 회화2

김동건	너는 어떤 일을 담당하니?
양양	나는 주로 한국 시장을 담당해.
김동건	일이 힘들지?
양양	어제도 두 시간 야근했어.
김동건	너 자주 야근하니?
양양	응. 요즘 업무량이 갈수록 많아지고 있거든.
	밥 먹을 시간조차도 없어.

중국어 발음 연습 문제 »22~23쪽

1 **x iě**
① 성모 = x
② 운모 = ie
③ 성조 = `

2 ① jiā ② gǒu ③ chá

3 ① pǎo ② lèi ③ qián

① p — Ⓐ èi
② l — Ⓑ ián
③ q — Ⓒ ǎo

4 ① á ② à ③ ā

5 ① yéye ② nǎinai ③ māma

1과 »32~33쪽

① wǒ ② nǐmen

1 ① wǒ ② nǐmen

2 ① 你好!
② 再见!
③ 早上好!

3 ① 大家好! Ⓐ 내일 만나!
② 明天见! Ⓑ 여러분 안녕하세요!
③ 不客气! Ⓒ 천만에!

4 Ⓐ 老师好! 선생님, 안녕하세요!
Lǎoshī hǎo!
Ⓑ 你好! 안녕!
Nǐ hǎo!

Ⓐ 您好! 안녕하세요!
Nín hǎo!
Ⓑ 你好! 안녕!
Nǐ hǎo!

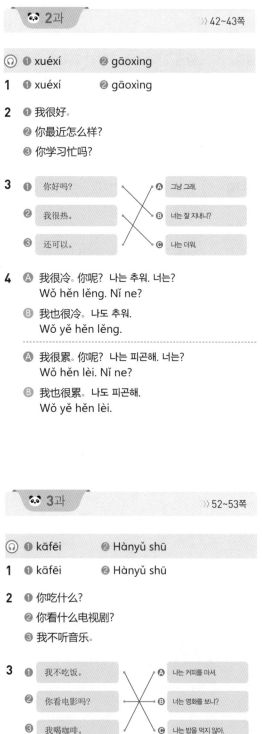

2과 »42~43쪽

① xuéxí ② gāoxìng

1 ① xuéxí ② gāoxìng

2 ① 我很好。
② 你最近怎么样?
③ 你学习忙吗?

3 ① 你好吗? Ⓐ 그냥 그래.
② 我很热。 Ⓑ 너는 잘 지내니?
③ 还可以。 Ⓒ 나는 더워.

4 Ⓐ 我很冷。你呢? 나는 추워. 너는?
Wǒ hěn lěng. Nǐ ne?
Ⓑ 我也很冷。 나도 추워.
Wǒ yě hěn lěng.

Ⓐ 我很累。你呢? 나는 피곤해. 너는?
Wǒ hěn lèi. Nǐ ne?
Ⓑ 我也很累。 나도 피곤해.
Wǒ yě hěn lèi.

3과 »52~53쪽

① kāfēi ② Hànyǔ shū

1 ① kāfēi ② Hànyǔ shū

2 ① 你吃什么?
② 你看什么电视剧?
③ 我不听音乐。

3 ① 我不吃饭。 Ⓐ 나는 커피를 마셔.
② 你看电影吗? Ⓑ 너는 영화를 보니?
③ 我喝咖啡。 Ⓒ 나는 밥을 먹지 않아.

4 Ⓐ 你听什么? 너는 무엇을 듣니?
Nǐ tīng shénme?

Ⓑ 我听音乐。 나는 음악을 들어.
Wǒ tīng yīnyuè.

Ⓐ 你看什么? 너는 무엇을 보니?
Nǐ kàn shénme?

Ⓑ 我看电视剧。 나는 드라마를 봐.
Wǒ kàn diànshìjù.

4과 　　　　　　　》》62~63쪽

🎧 ❶ lǎoshī　　❷ Měiguórén

1 ❶ lǎoshī　　❷ Měiguórén

2 ❶ 你叫什么名字?
❷ 认识你很高兴。
❸ 我是韩国人。

3
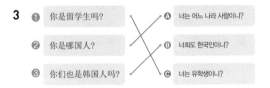

4 Ⓐ 你是学生吗? 너는 학생이니?
Nǐ shì xuésheng ma?

Ⓑ 是。我是学生。 네, 저는 학생이에요.
Shì, wǒ shì xuésheng.

Ⓐ 你是日本人吗? 너는 일본인이니?
Nǐ shì Rìběnrén ma?

Ⓑ 是。我是日本人。 네, 저는 일본인이에요.
Shì, wǒ shì Rìběnrén.

5과 　　　　　　　》》72~73쪽

🎧 ❶ péngyou　　❷ chōngdiànqì

1 ❶ péngyou　　❷ chōngdiànqì

2 ❶ 她是谁?
❷ 我的书包
❸ 这是词典。

3
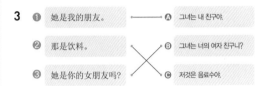

4 Ⓐ 这(那)是你的衣服吗?
Zhè(Nà) shì nǐ de yīfu ma?
이것(저것)은 너의 옷이니?

Ⓑ 对, 这(那)是我的衣服。
Duì, zhè(nà) shì wǒ de yīfu.
맞아, 이것(저것)은 나의 옷이야.

Ⓐ 这(那)是你的手机吗?
Zhè(Nà) shì nǐ de shǒujī ma?
이것(저것)은 너의 휴대 전화니?

Ⓑ 对, 这(那)是我的手机。
Duì, zhè(nà) shì wǒ de shǒujī.
맞아, 이것(저것)은 나의 휴대 전화야.

6과 　　　　　　　》》82~83쪽

🎧 ❶ hǎochī　　❷ shuìjiào

1 ❶ hǎochī　　❷ shuìjiào

2 ❶ 你去哪儿?
❷ 那我们一起去吧。
❸ 你一般在哪儿吃饭?

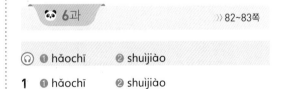

3

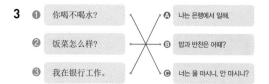

❶ 你喝不喝水? ────── Ⓐ 나는 은행에서 일해.

❷ 饭菜怎么样? ────── Ⓑ 밥과 반찬은 어때?

❸ 我在银行工作。────── Ⓒ 너는 물 마시니, 안 마시니?

4

Ⓐ 你去哪儿? 너는 어디에 가니?
　 Nǐ qù nǎr?

Ⓑ 我去图书馆。나는 도서관에 가.
　 Wǒ qù túshūguǎn.

────────────

Ⓐ 你去哪儿? 너는 어디에 가니?
　 Nǐ qù nǎr?

Ⓑ 我去食堂。나는 식당에 가.
　 Wǒ qù shítáng.

🐼 7과　　　　　　　　　　 》 92~93쪽

🎧 ❶ 男: 你家有几口人?
　　 女: 我家有四口人。爸爸、妈妈、弟弟和我。
　　❷ 男: 你今年多大?
　　 女: 我今年二十岁。

1　❶ 四 sì　　　　　　❷ 二十 èrshí

2　❶ 你有兄弟姐妹吗?
　　❷ 我有时间。
　　❸ 我没有信用卡。

3

❶ 您多大年纪? ────── Ⓐ 모두 누구누구 있니?

❷ 我有哥哥。────── Ⓑ 당신은 연세가 어떻게 되세요?

❸ 都有什么人? ────── Ⓒ 나는 형(오빠)이 있어.

4

Ⓐ 她今年几岁? 그녀는 올해 몇 살이니?
　 Tā jīnnián jǐ suì?

Ⓑ 她今年八岁。그녀는 올해 여덟 살이야.
　 Tā jīnnián bā suì.

────────────

Ⓐ 他今年多大年纪?
　 그는 올해 연세가 어떻게 되세요?
　 Tā jīnnián duō dà niánjì?

Ⓑ 他今年七十五岁。
　 그는 올해 일흔다섯이셔.
　 Tā jīnnián qīshíwǔ suì.

🐼 8과　　　　　　　　　　 》 102~103쪽

🎧 ❶ 男: 今天几月几号?
　　 女: 今天八月十一号。
　　❷ 男: 现在几点?
　　 女: 现在一点一刻。

1　❶ 八月十一号 bā yuè shíyī hào
　　❷ 一点一刻 yī diǎn yí kè

2　❶ 差五分十二点。
　　❷ 今天几月几号?
　　❸ 下个月三十号。

3　❶ 两点零五分。
　　❷ 两点三刻。(=两点四十五分。)

4

Ⓐ 今天星期几? 오늘은 무슨 요일이니?
　 Jīntiān xīngqī jǐ?

Ⓑ 今天星期二。오늘은 화요일이야.
　 Jīntiān xīngqī'èr.

────────────

Ⓐ 后天星期几? 모레는 무슨 요일이니?
　 Hòutiān xīngqī jǐ?

Ⓑ 后天星期天。모레는 일요일이야.
　 Hòutiān xīngqītiān.

🐼 9과　　　　　　　　　　 》 112~113쪽

🎧 ❶ 男: 苹果怎么卖?
　　 女: 五块钱一斤。
　　❷ 男: 您要买什么?
　　 女: 我要买一条裤子。

1
① 五块钱 wǔ kuài qián
② 一条裤子 yì tiáo kùzi

2
① 您要买什么?
② 便宜(一)点儿吧。
③ 我要学日语。

3
① 我不想喝咖啡。 — Ⓒ 나는 커피를 마시고 싶지 않아.
② 一共多少钱? — Ⓐ 모두 얼마예요?
③ 香蕉一斤多少钱? — Ⓑ 바나나는 한 근에 얼마예요?

4
Ⓐ 一共多少钱? 모두 얼마예요?
Yígòng duōshao qián?
Ⓑ 一共九块五。 모두 9.5위안이에요.
Yígòng jiǔ kuài wǔ.

Ⓐ 一共多少钱? 모두 얼마예요?
Yígòng duōshao qián?
Ⓑ 一共十五块。 모두 15위안이에요.
Yígòng shíwǔ kuài.

🐼 10과　　》》122~123쪽

🎧 ① 男: 你会说汉语吗?
女: 我会说汉语。
② 男: 你在做什么?
女: 我在玩儿手机呢。

1
① 说汉语 shuō Hànyǔ
② 玩儿手机呢 wánr shǒujī ne

2
① 我不会做中国菜。
② 我在写信呢。
③ 是什么时候开始学的?

3
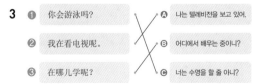
① 你会游泳吗? — Ⓒ 너는 수영을 할 줄 아니?
② 我在看电视呢。 — Ⓐ 나는 텔레비전을 보고 있어.
③ 在哪儿学呢? — Ⓑ 어디에서 배우는 중이니?

4
Ⓐ 你会开车吗? 너는 운전을 할 줄 아니?
Nǐ huì kāi chē ma?
Ⓑ 我会开车。 나는 운전을 할 줄 알아.
Wǒ huì kāi chē.

Ⓐ 你会弹吉他吗? 너는 기타를 칠 줄 아니?
Nǐ huì tán jítā ma?
Ⓑ 我会弹吉他。 나는 기타를 칠 줄 알아.
Wǒ huì tán jítā.

🐼 11과　　》》132~133쪽

🎧 ① 男: 你去过中国吗?
女: 我没去过中国。
② 男: 我们去吃中国菜吧。今天我请客!
女: 下次我请你!

1
① 去过中国 qùguo Zhōngguó
② 我请你 wǒ qǐng nǐ

2
① 你吃过中国菜吗?
② 还要别的吗?
③ 来两个面包。

3
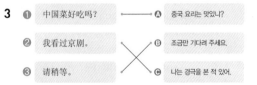
① 中国菜好吃吗? — Ⓐ 중국 요리는 맛있니?
② 我看过京剧。 — Ⓒ 나는 경극을 본 적 있어.
③ 请稍等。 — Ⓑ 조금만 기다려 주세요.

4
Ⓐ 你们要点什么菜? 무슨 요리를 주문하시겠어요?
Nǐmen yào diǎn shénme cài?
Ⓑ 来一个酸辣汤。 쏸라탕 하나 주세요.
Lái yí ge suānlàtāng.

Ⓐ 你们要点什么菜? 무슨 요리를 주문하시겠어요?
Nǐmen yào diǎn shénme cài?
Ⓑ 来一个麻婆豆腐。 마포더우푸 하나 주세요.
Lái yí ge mápódòufu.

🐼 12과 >> 142~143쪽

🎧 ❶ 男: 张明什么时候回来?
　　女: 晚上八点左右吧。

❷ 男: 你的手机号码是多少?
　女: 136-7752-3189。你存一下吧。

1 ❶ 八点左右 bā diǎn zuǒyòu

❷ 136-7752-3189。
Yāo sān liù-qī qī wǔ èr-sān yāo bā jiǔ.

2 ❶ 我在补习班。

❷ 那我到时候再打电话吧。

❸ 这个菜你尝一下。

3
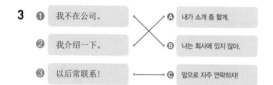

4 Ⓐ 金东建的手机号码是多少?
Jīn Dōngjiàn de shǒujī hàomǎ shì duōshao?
김동건의 휴대 전화 번호는 몇 번이니?

Ⓑ 135-4689-5321。135-4689-5321이야.
Yāo sān wǔ-sì liù bā jiǔ-wǔ sān èr yāo.

Ⓐ 李秀妍的手机号码是多少?
Lǐ Xiùyán de shǒujī hàomǎ shì duōshao?
이수연의 휴대 전화 번호는 몇 번이니?

Ⓑ 133-7890-2135。133-7890-2135야.
Yāo sān sān-qī bā jiǔ líng-èr yāo sān wǔ.

🐼 13과 >> 152~153쪽

🎧 ❶ 男: 请问, 这儿附近有医院吗?
　　女: 有, 就在商场后边。

❷ 男: 请问, 邮局怎么走?
　女: 到红绿灯往左拐。

1 ❶ 商场后边 shāngchǎng hòubian
❷ 往左拐 wǎng zuǒ guǎi

2 ❶ 哪个楼是商场?

❷ 到十字路口往右拐。

❸ 到书店往东走。

3

4 Ⓐ 请问, 药房怎么走?
Qǐngwèn, yàofáng zěnme zǒu?
실례합니다. 약국은 어떻게 가나요?

Ⓑ 往左拐。좌회전하세요.
Wǎng zuǒ guǎi.

Ⓐ 请问, 咖啡厅怎么走?
Qǐngwèn, kāfēitīng zěnme zǒu?
실례합니다. 커피숍은 어떻게 가나요?

Ⓑ 往右拐。우회전하세요.
Wǎng yòu guǎi.

🐼 14과 >> 162~163쪽

🎧 ❶ 男: 你坐地铁上学还是坐公交车上学?
　　女: 我坐公交车上学。

❷ 男: 你预订机票了吗?
　女: 还没有, 明天预订。

1 ❶ 公交车上学 gōngjiāochē shàngxué
❷ 明天预订 míngtiān yùdìng

2 ❶ 你学习汉语还是学习英语?

❷ 我见了一个高中同学。

❸ 我打算坐飞机去。

3

4 Ⓐ 你喝雪碧还是喝可乐?
Nǐ hē xuěbì háishi hē kělè?
너는 사이다를 마시니, 아니면 콜라를 마시니?

Ⓑ 我喝雪碧。 나는 사이다 마실래.
Wǒ hē xuěbì.
(=我喝可乐。 Wǒ hē kělè. 나는 콜라 마실래.)

Ⓐ 你买衣服还是买鞋子?
Nǐ mǎi yīfu háishi mǎi xiézi?
너는 옷을 사니, 아니면 신발을 사니?

Ⓑ 我买衣服。 나는 옷을 살래.
Wǒ mǎi yīfu.
(=我买鞋子。 Wǒ mǎi xiézi. 나는 신발 살래.)

🐼 15과　　　》172~173쪽

🎧 **❶ 男:** 你怎么了? 生病了吗?
女: 没什么, 可能感冒了。

❷ 男: 您哪儿不舒服?
女: 我有点儿发烧。

1 ❶ 可能感冒了 kěnéng gǎnmào le
　　❷ 有点儿发烧 yǒudiǎnr fāshāo

2 ❶ 我胖了。
　　❷ 快回家好好儿休息吧。
　　❸ 吃点儿药就没事了。

3
❶ 我是大学生了。　　　　　　Ⓐ 체온은 몇 도인가요?
❷ 喝(一)点儿水就好了。　　　Ⓑ 물 좀 마시면 나아질 거야.
❸ 体温多少度?　　　　　　　Ⓒ 나는 대학생이 되었어.

4 Ⓐ 你怎么了? 너 왜 그래?
Nǐ zěnme le?

Ⓑ 我头疼。 나는 머리가 아파.
Wǒ tóuténg.

Ⓐ 你怎么了? 너 왜 그래?
Nǐ zěnme le?

Ⓑ 我肚子疼。 나는 배가 아파.
Wǒ dùzi téng.

🐼 16과　　　》182~183쪽

🎧 **❶ 男:** 今天天气怎么样?
女: 天气预报说, 今天比昨天冷。

❷ 男: 天气预报说, 今天下雪。
女: 我喜欢下雪, 咱们出去玩儿雪吧。

1 ❶ 今天比昨天冷 jīntiān bǐ zuótiān lěng
　　❷ 咱们出去玩儿雪吧
　　　zánmen chūqù wánr xuě ba

2 ❶ 你出门多穿(一)点儿衣服吧。
　　❷ 我比他矮。
　　❸ 家里怎么这么冷啊?

3

❶ 怪不得今天这么冷。　　Ⓐ 텔레비전이 켜져 있지 않아.
❷ 银行门关着。　　　　　Ⓑ 어쩐지 오늘 이렇게 춥다 했어.
❸ 电视没开着。　　　　　Ⓒ 은행 문이 닫혀 있어.

4 Ⓐ 今天天气怎么样? 오늘 날씨 어때?
Jīntiān tiānqì zěnmeyàng?

Ⓑ 天气预报说, 今天阴天。
Tiānqì yùbào shuō, jīntiān yīntiān.
일기 예보에 의하면, 오늘 흐리대.

Ⓐ 今天天气怎么样? 오늘 날씨 어때?
Jīntiān tiānqì zěnmeyàng?

Ⓑ 天气预报说, 今天下雪。
Tiānqì yùbào shuō, jīntiān xià xuě.
일기 예보에 의하면, 오늘 눈이 온대.

🐼 17과　　　》192~193쪽

🎧 **❶** 来中国以后我胖了五公斤。
❷ 她的皮肤白白的, 眼睛大大的。

1 ❶ 我胖了五公斤 wǒ pàngle wǔ gōngjīn
　　❷ 皮肤白白的, 眼睛大大的
　　　pífū báibái de, yǎnjing dàdà de

2　❶ 今天吃得太少了。

　　❷ 我在减肥呢。

　　❸ 她既可爱又漂亮。

3　

❶ 你现在一点儿也不胖。 ── Ⓐ 그녀는 요즘 자신이 조금 뚱뚱하다고 느껴.

❷ 这个西瓜既大又好吃。 ── Ⓑ 이 수박은 크기도 하고 맛있기도 해.

❸ 最近她觉得自己有点儿胖。 ── Ⓒ 너는 지금 조금도 뚱뚱하지 않아.

4　Ⓐ 你在听什么? 너는 무엇을 듣고 있니?
　　　Nǐ zài tīng shénme?

　　Ⓑ 我在听音乐。 나는 음악을 듣고 있어.
　　　Wǒ zài tīng yīnyuè.

- - - - - - - -

　　Ⓐ 你在看什么? 너는 무엇을 보고 있니?
　　　Nǐ zài kàn shénme?

　　Ⓑ 我在看电视。 나는 TV를 보고 있어.
　　　Wǒ zài kàn diànshì.

🐼 **18과**　　　　　　　　　　》202~203쪽

🎧 ❶ 我更喜欢自助游。

　　❷ 跟团旅游方便是方便，但是行程安排得太累。

1　❶ 自助游 zìzhùyóu
　　❷ 行程安排得太累
　　　xíngchéng ānpái de tài lèi

2　❶ 第一种是跟团旅游，另一种是自助游。
　　❷ 自己玩儿的时间太少了。
　　❸ 我这次假期决定去自助游。

3　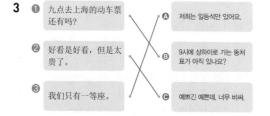

❶ 九点去上海的动车票还有吗? ── Ⓐ 저희는 일등석만 있어요.

❷ 好看是好看，但是太贵了。 ── Ⓑ 9시에 상하이로 가는 동차표가 아직 있나요?

❸ 我们只有一等座。 ── Ⓒ 예쁘긴 예쁜데, 너무 비싸.

4　Ⓐ 您要什么样的座位? 어떤 좌석을 원하세요?
　　　Nín yào shénmeyàng de zuòwèi?

　　Ⓑ 我要一张一等座。 일등석 자리 한 장 주세요.
　　　Wǒ yào yì zhāng yīděng zuò.

- - - - - - - -

　　Ⓐ 您要什么样的座位? 어떤 좌석을 원하세요?
　　　Nín yào shénmeyàng de zuòwèi?

　　Ⓑ 我要两张二等座。 이등석 자리 두 장 주세요.
　　　Wǒ yào liǎng zhāng èrděng zuò.

🐼 **19과**　　　　　　　　　　》212~213쪽

🎧 ❶ 我要找工作，但还是没有信心。

　　❷ 有工作经验者优先。

1　❶ 还是没有信心 háishi méiyǒu xìnxīn
　　❷ 经验者优先 jīngyànzhě yōuxiān

2　❶ 明天就要毕业了。
　　❷ 我又开心又难过。
　　❸ 要求对工作认真负责。

3　

❶ 毕业后你有什么打算? ── Ⓐ 나는 직장을 구하려고 해. 그런데 아직 자신이 없어.

❷ 我要找工作，但还是没有信心。 ── Ⓑ 졸업 후에 너는 무슨 계획이 있니?

❸ 你想去，你就去吧。 ── Ⓒ 만약 네가 가고 싶으면 가도록 해.

4　Ⓐ 你现在心情怎么样? 너 지금 기분이 어때?
　　　Nǐ xiànzài xīnqíng zěnmeyàng?

　　Ⓑ 我又高兴又激动。
　　　Wǒ yòu gāoxìng yòu jīdòng.
　　　나는 기쁘기도 하고 흥분되기도 해.

- - - - - - - -

　　Ⓐ 你现在心情怎么样? 너 지금 기분이 어때?
　　　Nǐ xiànzài xīnqíng zěnmeyàng?

　　Ⓑ 我又害怕又难过。 나는 무섭기도 하고 슬프기도 해.
　　　Wǒ yòu hàipà yòu nánguò.

20과 》》222~223쪽

🎧 ① 我终于找到工作了!

② 昨天也加了两个小时班。

1 ① 找到工作了 zhǎodào gōngzuòle

② 加了两个小时班 jiāle liǎng ge xiǎoshí bān

2 ① 你真了不起!

② 我们出去庆祝一下!

③ 你负责什么工作?

3 ① 我在网上看到了面试结果。 Ⓐ 나는 주로 한국 시장을 담당해.

② 我听了一个小时音乐。 Ⓑ 나는 음악을 한 시간 동안 들었어.

③ 我主要负责韩国市场。 Ⓒ 인터넷에서 면접 결과를 확인했어.

4 Ⓐ 你怎么了? 너 왜 그래?
   Nǐ zěnme le?

   Ⓑ 我钱包被偷了。 나 지갑을 도둑맞았어.
   Wǒ qiánbāo bèi tōu le.

   Ⓐ 你怎么了? 너 왜 그래?
   Nǐ zěnme le?

   Ⓑ 我花瓶被打碎了。 내 꽃병이 깨졌어.
   Wǒ huāpíng bèi dǎsuì le.

한어병음 성모운모 결합표

	a	o	e	i(-i)	u	ü	ai	ao	an	ang	ou	ong	ei	en	eng	er	ia
b	ba	bo		bi	bu		bai	bao	ban	bang			bei	ben	beng		
p	pa	po		pi	pu		pai	pao	pan	pang	pou		pei	pen	peng		
m	ma	mo	me	mi	mu		mai	mao	man	mang	mou		mei	men	meng		
f	fa	fo			fu				fan	fang	fou		fei	fen	feng		
d	da		de	di	du		dai	dao	dan	dang	dou	dong	dei	den	deng		
t	ta		te	ti	tu		tai	tao	tan	tang	tou	tong			teng		
n	na		ne	ni	nu	nü	nai	nao	nan	nang	nou	nong	nei	nen	neng		
l	la		le	li	lu	lü	lai	lao	lan	lang	lou	long	lei		leng		lia
g	ga		ge		gu		gai	gao	gan	gang	gou	gong	gei	gen	geng		
k	ka		ke		ku		kai	kao	kan	kang	kou	kong	kei	ken	keng		
h	ha		he		hu		hai	hao	han	hang	hou	hong	hei	hen	heng		
j				ji		ju											jia
q				qi		qu											qia
x				xi		xu											xia
z	za		ze	zi	zu		zai	zao	zan	zang	zou	zong	zei	zen	zeng		
c	ca		ce	ci	cu		cai	cao	can	cang	cou	cong		cen	ceng		
s	sa		se	si	su		sai	sao	san	sang	sou	song		sen	seng		
zh	zha		zhe	zhi	zhu		zhai	zhao	zhan	zhang	zhou	zhong	zhei	zhen	zheng		
ch	cha		che	chi	chu		chai	chao	chan	chang	chou	chong		chen	cheng		
sh	sha		she	shi	shu		shai	shao	shan	shang	shou		shei	shen	sheng		
r			re	ri	ru			rao	ran	rang	rou	rong		ren	reng		
성모가 없을 때	a	o	e	yi	wu	yu	ai	ao	an	ang	ou		ei	en	eng	er	ya

※ 맨 아래 부분의 음절은 단독으로 쓰일 때의 표기임.

ie	iao	iou (iu)	ian	iang	iong	in	ing	ua	uo	uai	uan	uang	uei (ui)	uen (un)	ueng	üe	üan	ün
bie	biao		bian			bin	bing											
pie	piao		pian			pin	ping											
mie	miao	miu	mian			min	ming											
die	diao	diu	dian				ding		duo		duan		dui	dun				
tie	tiao		tian				ting		tuo		tuan		tui	tun				
nie	niao	niu	nian	niang		nin	ning		nuo		nuan					nüe		
lie	liao	liu	lian	liang		lin	ling		luo		luan			lun		lüe		
								gua	guo	guai	guan	guang	gui	gun				
								kua	kuo	kuai	kuan	kuang	kui	kun				
								hua	huo	huai	huan	huang	hui	hun				
jie	jiao	jiu	jian	jiang	jiong	jin	jing									jue	juan	jun
qie	qiao	qiu	qian	qiang	qiong	qin	qing									que	quan	qun
xie	xiao	xiu	xian	xiang	xiong	xin	xing									xue	xuan	xun
									zuo		zuan		zui	zun				
									cuo		cuan		cui	cun				
									suo		suan		sui	sun				
								zhua	zhuo	zhuai	zhuan	zhuang	zhui	zhun				
								chua	chuo	chuai	chuan	chuang	chui	chun				
								shua	shuo	shuai	shuan	shuang	shui	shun				
								rua	ruo		ruan		rui	run				
ye	yao	you	yan	yang	yong	yin	ying	wa	wo	wai	wan	wang	wei	wen	weng	yue	yuan	yun

MEMO